Sebastian Blau's Schwobespiagel

Sebastian Blau's Schwobespiagel

Altes und Neues

Herausgegeben von
Josef Eberle

Deutsche Verlags-Anstalt

CIP-Kurztitelaufnahme der Deutschen Bibliothek

Eberle, Josef:
[Schwobespiagel]
Sebastian Blau's Schwobespiagel: Altes u. Neues /
hrsg. von Josef Eberle. – Stuttgart:
Deutsche Verlags-Anstalt, 1981.
ISBN 3-421-06071-1
VW: Blau, Sebastian [Pseud.] → Eberle, Josef

Gesamtherstellung: Wilhelm Röck, Weinsberg
Printed in Germany

Mir selber zom Achtzigste'

Es geit en Spruch seit alter Zeit:
dr Schwob werd erst mit vierzge gscheit.
Daß i oar be' – des Komplement,
des macht mr jeder, mo me kennt.
Ond daß e achtzge wore' be',
ist reacht, nao wärs nohmól so schö'
ond s hett ens Schwarze troffe':
wenn mei' Geburtstag mi ond d Leut
tät merke' lao', i sei ab heut
mit zwoamol vierzge dopplet gscheit –
mer wöllet s Beste hoffe' . . .

Gebrauchsanweisung

»Im Grunde sträubt sich die schämige Mundart wider das rauschende Papier.« Jacob Grimm

Die Überschrift ist nicht so zu verstehen, als müsse man diesen Gedichtband vor Gebrauch schütteln, auch nicht so, als sei sein Inhalt nur tropfenweise einzunehmen, wiewohl eine gewisse Dosierung den Gedichten wie dem Leser nicht übel bekäme. Gemeint ist, *wie* man sie lesen soll, damit sie die Wirkung tun, die der Verfasser sich wünscht.

Mundart ist ihrem Wesen nach nur gesprochene Sprache. Ihr Lautreichtum läßt sich mit dem armseligen Abc noch viel weniger genau wiedergeben, als dies in der Schriftsprache möglich ist. Darum hat jeder, der Dialekt zu schreiben versucht, vor dem Ergebnis das Gefühl der Unzulänglichkeit. Ein solches Unterfangen bleibt immer ein Notbehelf, eine Eselsbrücke, die zum Lesen, Sprechen und Vortragen hinführen soll.

Die Alten, Griechen wie Römer, haben, auch wenn sie für sich lasen, immer laut gelesen; das ganze Haus hörte es, wenn der Hausherr sich mit Literatur beschäftigte. Nur beim lauten Lesen kommt die klingende Lebendigkeit der Sprache mit allen Nuancen und Kadenzen zur Geltung, nur auf diese Art kann auch der Leser sein Verständnis der Gedichte offenbaren. So sagt denn Sokrates mit Recht: »Sprich, damit ich dich sehe!« Ein leises Relikt dieser antiken Sitte lebt noch heute: Ich denke an die Art, wie der katholische Geistliche das Brevier betet; er bewegt dabei, zwar tonlos, aber artikulierend, die Lippen so, als läse er laut.

Zum Lesen, Verstehen und Genießen von Gedichten, erst recht von Mundartgedichten, ist dies der einzig richtige, weil natürliche Weg. Noch einmal zitiere ich das Wort

Goethes, das schon in der Einleitung zu meinem ersten Gedichtband steht; er sagt sogar von der Schriftsprache: »Schreiben ist ein Mißbrauch der Sprache, stille für sich lesen ein trauriges Surrogat der Rede.«
Ich konstruiere einen hochdeutschen, poetisch zwar unmöglichen, grammatisch und metrisch aber richtig gebauten Vers:

Wenn er, die das tun, mir nicht nennt . . .

Wie ist das zu sprechen? Jambisch:

Wenn ér, díe dás tun, mír nicht nénnt . . .

oder trochäisch:

Wénn er, díe das tún, mir nícht nennt . . .?

Beim Sprechen merkt man, daß derselbe Vers mit derselben Wortstellung je nachdem einen andern Sinn ergibt: Spricht man den Bedingungssatz im jambischen Versmaß, so verlangt er etwa diesen Folgesatz:

dann déshalb, wéil's ihn sélber brénnt,

im trochäischen Maß gesprochen aber:

féhlt's ihm dáran, wás man Pflícht nennt.

Schriftlich läßt sich der Unterschied nur mit Hilfsmitteln markieren, mit Akzenten (wie hier), durch Sperrung der betonten Silben oder, wie dies in manchen Ausgaben antiker Dichter vorkommt, dadurch, daß man die komplizierten klassischen Versmaße, aus denen die einzelnen Gedichte gehen, mit schematischen Zeichen darüber malt. Man sieht, die Betonung ist alles – erst recht in der Mundart.
Daher verlangen aufgeschriebene Mundartgedichte zu ihrem Verständnis, vom Genuß zu schweigen, daß ihr Idiom dem Leser wenigstens einigermaßen vertraut sei; das soll nicht heißen, er müsse es auch sprechen können. Wem es, besonders das unsere, nicht Muttersprache oder doch Sprache seiner Kindheit ist, der läßt besser die Zunge

davon – zu seinem eigenen Vorteil wie zu dem der Gedichte. Denn auch der im Dialekt Aufgewachsene muß zu dem schriftlich ja nur Angedeuteten mehr als die Hälfte aus Eigenem hinzutun, um Klang, Tonfall und Rhythmus der Wörter und Verse so zu hören und hören zu lassen, wie die mundartliche Sprechweise und der Anspruch des Dichters es wollen. Erst dann beginnen sie zu leben.

Geschriebene Mundart ist, um einen Vergleich aus der Musik zu gebrauchen, eine Partitur; nur ist jene nicht so genau wie diese, denn hier sind die Töne durch die Notenzeichen festgelegt und ist die Klangfarbe durch die Angabe der verschiedenen Instrumente bestimmt. Und selbst die Partitur bedarf, soll sie aufblühen als Klang, der Kunst des Orchesters. Kein Musikfreund wird mir weismachen wollen, er habe beim Lesen einer Partitur denselben vollen Genuß wie beim Anhören des gespielten Stücks.

Die geschriebene Mundart kennt keine musikalischen Zeichen, sie kennt nicht einmal ein einheitliches orthographisches System. Jeder Dialektschreibende schreibt sie nach seiner Fasson. Die meine, die um der Verständlichkeit willen das schriftdeutsche Bild der Wörter so weit wie möglich zu wahren sucht, dürfte dem Leser aus meinen früheren Gedichtbüchern vertraut sein. Und weil das Schwäbische sowohl seiner Lautung wie seinem Wortschatz nach und erst recht hinsichtlich seiner Sprechmelodie noch verschiedener ist als die verschiedenen Landschaften unseres Landes, läßt sich an eine allgemeingültige Schreibweise nicht einmal denken. Denn *das* Schwäbische gibt es nicht. Es sei denn, unsere Mundart mit ihren geographisch, historisch, konfessionell und oft überhaupt nicht erklärbaren Unterschieden bekäme auf ihre alten Tage hin noch eine ›Schwäbische Akademie‹ – was kaum zu befürchten ist –, die von oben herab wie die ›Académie Française‹ statuierte, was für richtig und was für falsch zu gelten habe.

Nur zwei Beispiele seien angeführt: das schriftdeutsche Wort ›schneiden‹ hat in manchen Gegenden am oberen Neckar – auch um Rottenburg herum – zwei bedeutungsverschiedene Lautformen: ›schnaëde'‹, nasal gesprochen, heißt dort Frucht, also Getreide mähen, ›schneide‹ dagegen wird für Brot und ähnliches schneiden gebraucht. Ebenso unzulänglich erweisen sich die Buchstaben für die Wiedergabe des Wörtchens ›no‹ oder ›noh‹: Es kann kurz oder lang, mit geschlossenem oder offenem ›o‹ gesprochen werden und bedeutet je nachdem ›nun‹, ›noch‹, ›dann‹, ›nach‹, ›nahe‹ und noch anderes. Man hört die Unterschiede, wenn einer etwa sagt: »No jô, r hôt nôh no nôchgea' . . .«
Ein Wort noch zum Rhythmus. Taugen Mundartverse etwas, so sind die Wörter im Vers der Syntax, dem Sprechrhythmus und der Betonung entsprechend so natürlich und zwanglos gestellt, daß der Sprecher die Verse gar nicht anders zu Gehör bringen kann als in dem vom Dichter bestimmten Versmaß. Daß es dabei auch beim sprach- und versfühligen Dichter nicht immer ohne Umstellungen und gelegentliche Härten abgehen kann, das wird bei der Strenge und Sprödigkeit gerade unserer Mundart und bei ihren viel zu vielen einsilbigen Wörtern niemanden wundern. Damit man mich aber nicht falsch verstehe: Ein solches rhythmisches Lesen und Vorlesen darf nicht zum schülerhaften Aufsagen, zum überskandierten Leiern verleiten, andererseits auch nicht in den auf Bühnen und Podien leider vielfach gepflegten Unfug ausarten, Verse grundsätzlich so zu sprechen, als seien es keine; damit gehen meistens auch die Reime zum Teufel, das heißt, sie verlieren Gewicht und Sinn, vom Witz ganz zu schweigen, also ihre Funktion.
Bei alldem sei sich der Leser des Worts eines sachkundigen Franzosen des 17. Jahrhunderts bewußt, der gesagt hat, es liege nicht weniger Beredsamkeit im Ton der Stimme, in

Auge und Blick als in der Wahl der Wörter. Den doch wohl zum größten Teil schwäbischen Vorlesern schwäbischer Gedichte braucht man nicht zu sagen, daß damit einer ›Dramatisierung‹, wie die modische Phrase lautet, also einem komödiantisch aufgeputzten Vortrag nicht das Wort geredet wird. Solcher Scheurenpurzlerei widerstrebt unsere Mundart mit der so oft indirekten Art ihrer Aussage, mit der Verschmitztheit ihres Humors und Witzes und mit ihrer knappen, dem natürlichen Rhythmus des Atmens angepaßten Sprechweise. Auch Verhaltenheit ist im Schwäbischen eine Form der Beredsamkeit, so gut wie polternde Derbheit.

Auf Eigenheiten der in diesem Band gebrauchten spezifisch rottenburgisch gefärbten Mundart einzugehen, muß ich mir versagen – es würde sonst aus einem Vorwort ein Büchlein. Schwaben, wo immer sie mundartlich daheim sein mögen, werden die Unterschiede zu ihrem eigenen Sprechen schon merken und das anders Lautende aus dem Zusammenhang verstehen. Wörter und Redensarten jedoch, die rottenburgische Spezialitäten oder nicht mehr allgemein im Schwang sind, findet man am Ende des Buchs erklärt.

Die Gedichte des vorliegenden Buches sind zum überwiegenden Teil meinen früher erschienenen Bänden »Die schwäbischen Gedichte des Sebastian Blau« (1946), »Schwäbischer Herbst« (1973), »Die trauten Laute« (1975) und »Dr Has em Pfeffer« (1978) entnommen und durch neue vermehrt worden.

S. B.

Vorspruch

Liaber Leaser, gang ond suach,
ob de selbser fendst em Buach.
Reachts ond lenks em Spiagelglas
send verkehrt, sust stemmet d Maß.

Schöner wia dr liabe Gott
aos als Schwobe' gschaffe' hot
– übergscheit bis et ganz bache' –
ka's mei' Spiagel ao et mache'.
Bhilf de drüber weg mit Lache'!

Dr Necker

1
Ta'z ond Musek ghaöt zur Kirbe,
ond dr Haohzichstrauß zur Braut,
ond zur Fasnet ghaöret mürbe
Küachlen, wia dr Speck ens Kraut.

Ond zur Täufete ghaöt s Kendle,
ond zom Gaigel ghaöt dr Trompf,
ond dr Necker ghaöt ens Ländle
als sei' Heazstuck ond Triompf!

2
Sei' Erbtoal kriegt r halb ond halb
vom Schwaazwald ond vor Rauhe'-n-Alb.
Drom ist r ao toals zart, toals grob,
grad wia sei' Vatter ond sei' Muater;
mit oam Woat gsait: r ist e' guater
ond regelreachter Schwob.

3
Iatz gucket ao des Wässerle,
wias aus em Bode' spritzt,
ond wia e' silbrigs Messerle
so blank ond sauber glitzt!
Wias pflätscheret ond strudlet
ond wuselet ond hudlet,
wias läbberet ond motzet
ond Kieselbatze' schlotzet!

Sott ma's glaube', schla mes Blechle,
daß des wenzig, wonzig Bächle
mol en Necker geit?
Freilich, freilich geit es des,
narr, aus Bibberlen wearet Gä's
ond aus Kender Leut!

4
Des ist doch en alte Sach:
eest viel Wässerlen gent en Bach.
So isch grad beim Necker ao –
ond en Rottweil macht r schao'
a' dr eeste' Mühlebruck
als Athlet sei' Gsellestuck.

5
Iatz schwitisiert r s Täle ra,
iatz ist r uf dr Walz,
ond wenn r kö't, noh feng r a'
ond säng aus volem Hals!

r waalet en de Wiese' rom
ond babblet mit de Büsch,
r lachet älle Städtlen a'
ond schnalzget mit de Fisch.

r karessiert mit Berg ond Wald
ond schmeichlet mit em Moos,
tuat Fangetles mit dr Eisebah'
ond Schlupfetles mit dr Stroß . . .

Koa' Wonder, daß en s Täle ma',
ond daß ems so flattiert

ond lenks ond reachts de' ganze' Weag
mit Tannereis verziert!

6
Ond r reckt se,
ond r streckt se
ond braucht zmol en Haufe' Platz;
Stoa' ond Felse'-n-überschwemmt r
ond de haögste Stauwuhr nemmt r
spielend mit me' Satz.

So isch reacht, so ka'-n-r bleibe!
Iatzet muaß r na' a's Britt,
iatzet hoaßts uf Schritt ond Tritt:
Mühle'-n-ond Fabrike' treibe',
Geite' hüate', Wendle' wäsche',
onter jede Bruck sich ducke'
ond dezuana' Dreck und Äsche',
Abfäll, Gschnipf ond Kutter schlucke' . . .
Ist r schliaßlich noch em Schaffe'
obneds wieder glatt ond ebe',
muaß r noh em Mo', deam Affe',
stondelang de' Spiagel hebe' . . .

Aber moast, de' Necker gheis?
Männdle, do bist et reacht briicht:
noa', iatz zeigt r eest mit Fleiß
überal e' freundlichs Gsiicht!

7
Freilich müaßt r bald verlechne',
kö't r et uf Zuaschuß rechne'.

Haörsch! do plätschrets schao' em Schilf!
Ond vo' älle Seite' sprenget
Wässerlen ond Bäch ond brenget
aosrem Necker Hilf:
Fils ond Rems ond Murr ond Enz,
Zaber, Sulm ond Jagst ond Kocher –
isch e' Wonder, wenn r nocher
vo' Heilbronn bis na a' d Grenz
wia e' Herr deherstolziert
ond mit Woaze', Obst ond Wei'
ond mit Dampfschiff renommiert,
grad als wär des älles sei'?

8

Iatz ist r stark, iatz ist r graoß,
iatz goht en anders Leabe' laos,
iatz muaß r naus en d Fremde!
(Wer wuud ao heule', schämm de!).

r hot uf seire' Wanderschaft
en A'seah' kriagt ond Bärekraft,
r hot vom Leaba' manches gseah',
hot manches könne' haöre',
ond was noh fehlt, sell wuud se gea',
sell wuud en d Fremde laehre'. –
So, do ist d Grenz. Adje!

Soweit wär älles reacht ond schö'.
Was aber tuat dear Stromer?
r lauft schnurstracks ens Badisch nei'
ond selt – vor lauter Jomer –
versäuft r se em Rhei'!

Hoamet

Hopfeggääte', Wald ond Äcker,
Stoabrüch, Wenget, Wieseland
ond dezwischedur dr Necker –
älles schö' beinand.

Ond en Oat leit mittledenne',
wias noh viel so Öatlen geit:
usse' städtisch, bäurisch enne',
grad so send au d Leut.

Ond wenn d Sonn scheint, geits guat Wetter,
ond dr Wenter konnt, wenns schneit,
ond aus Buabe' wearet Vädder
ond aus Kender Leut.

Ja, Kotzblitz ond Heidedonders,
saget ihr, wa schwätzt denn dear,
wia wenn des so ebbes Bsonders
oder ebbes Extras wär?

Freilich, Leut, s ist nao e' Wöatle,
aber dodruf konnts halt a':
daß i eabe' zo deam Öatle
Hoamet sage' ka'...

»Schwätz schöner!«

Wia oft hot mi mei' guate Mamme'
vermahnet ond am Aöhrle packt:
»Schwätz net so wüst und nimm de zamme',
mr sagt net ›gsait‹, ma' sait doch ›gsagt‹.

Benimm de, wie sichs ghört und lass
de ganz klei' bißle A'stand lehre'.
Und sellen Ausdruck von der Gass,
den möcht i fei' net nohmal höre'!«

Wia tät mei' Muater ›sich entsetze'‹
vor Gott ond Welt en A'betracht,
s häb ihrem Bua' des wüaste Schwätze'
sogar en Name' gmacht!

Johraus johrei'

Januar

Iatz wend d Täg schao' wieder länger,
iatz hot d Sonn schao' wieder Kraft.
Kriagt ma'-n-ao noh klamme Fenger,
wemma' schäfflet oder schafft.

Muaß ma'-n-ao noh s Liacht verbrenne',
iatzet gohts mit jedem Tag
fürsche, iatz hoaßts waate' könne',
s Leabe' kriagt en nuie' Schlag.

Send ao d Äcker, send ao d Felder
tiaf vergrabe' noh em Schnai –
en zwee Monet oder bälder
wuuds gaoh wieder anderst sei'.

Sacktüachlestrommle'

Sunt pueri pueri, pueri puerilia tractant.
(Buabe' send Buabe', ond Buabe' buabelet eabe'.)
Mittelalterlicher Spruch

De' frogest, was des sei?
Paß uf, i sag drs glei:
Mir hends als Buabe' gspielt zo dritt ond viert.
E'Nuier, mo des Spiel noh et kapiert,
hot müasse' s Sacktuach a' zwee Zipfel hebe',
ond zwee hends gspannt wia Trommelfell so ebe',
ond ontrem Tüachle hend dia zwee Kamrade'
mit ihrer freie' Ha'd am Hoselade'
ganz hoa'lich d Knöpf ufgmacht ond romhantiert –
bis zmol dersell en warme' Strahl verspürt . . .
Host aber saue' müasse', weil dr Nui
oam wüatig noch ist – naß bis über d Knui.

Wiaso e dodruf komm?
Paß uf, noh woaßt morom:
Weil aoser Staatstheater iatz des Spiel
– d Studierte hoaßets, glaub e, ›enfantil‹ –
de Leut serviert als ›letzte' Schrei‹ dr Konst!
Do ka'-n-e nao' noh sage': Mit Vergonst,
was send mir Soacher schao' mit acht ond neu'
em Bäregäßle doch für Könstler gsei'!

Zu einer Aufführung von Schillers »Räubern« in den Württembergischen Staatstheatern im Januar 1975.

D Stuegeter

Schöne Kloader, seidne Strömpf,
Räuch em Kopf ond noble Krämpf,
brennte Hoor ond glatte Gsiichtlen,
ond en Lebtag ond e Gschwanz,
daß ma' se vor deane Früüchtlen
vorkonnt wia e' Landpomranz.

Ond en Allmachtskrattel hend se,
ond es Maul vol nemme' tend se:
Henter Stueget – host en Zweifel? –
konnt zeest nonz ond noh Pfuiteufel!
Konnst dr schiergär vor deam Chor
wia dr hell Gärneamed vor.

Älls was reacht ist, aber s geit
henter Stuaget ao noh Leut!
Sell send ao et lauter Schlurger.
Freilich, i gstand offe'-n-ei':
wär-e et e' Raoteburger,
möcht-e schier vo' Stueget sei'!

Am Nebetisch

eme' Stuageter Café

»Daß i *Sie* mal wieder troffe',
dest mr jetz en arge Freud.
Alles gsund? Mr wollets hoffe' . . .
Net? des tuat mr aber leid . . .

Da kommt s Fräulein – mir e' Teele!
Wißt Se, was mei' Mann als secht:
Ha noh läscht halt dei' Kaffeele,
wenns dei' Mägle net vertrecht . . .

Habet *Sie* e netts Kostümle!
Was, so billich? Ausverkauf?
Bloß des Muster mit dem Blümle,
gel, des trecht e' bißle auf . . .

Zwei Merenke', Fräulein! – Sole.
Gucket Se mal, dia em Eck,
dere' sieht mrs ganz Popole –
i trag keine Miniröck . . .

Mit em Ding isch arg schnell gange' –
ja, des war e' gute Sääl.
No, d Pensio' wird ihre' lange' –
Noi', viel mähr, da sind Se fehl . . .

Daß mei' Rösle sich verlobt hat–
ja, da gabs e' klei's Malhär:
weil sie's vorher mit ehm probt hat,
paßt re' scho' kei' Röckle mähr . . .

Lasse mrs! I les da neulich
paar Gedichtle' vo' dem Blau –
o des Schwäbisch ist abscheulich,
so fulgär, mei' Mann sechts au . . .

Noi', dr Willy net, des weiß e,
der spricht sähr gewählt und fei',
selbst des wüste Wörtle ›Schaiße‹
klingt beim Willy bühne'rei' . . .

Dämpfet Sie beim saure' Sößle
mit em Mehle d Zwieble' mit?
Hoffentlich gibts bei mei'm Rösle
net au noh en Kaiserschnitt . . .

Ja, i nimm noh so e' Küchle,
aber nachher muß i geh.
Gel, Sie machet bald e' Bsüchle,
daß mr schwätze' kann. Adje!«

E’ fei’s Lokal

Mei’re’ Lebtag wur e dees et vergesse’:
gang e do gestert en Stuaget zom Esse’,

Weil e en Schnitt gmacht, sag e mr: s traits
heut emol en ere’ bessere’ Beiz.

Wia-n-e so sitz ond d Speiskaat studier,
komm e mr vor wia dr Ochs vor dr Tür:

Narr, i verstand vo’ dr Gastronomie
nonz, ond dr Ober verstoht au et mi.

»Fleischbrühe« sag e ond brich mr schier d Zong.
»Hammr nich«, sait r »nehmse ›Bulljong‹.«

»Flädlessupp – kennt ma’ des et en Berlin?« –
»Nö, awa ›Consommé Célestine‹.«

»Äschesupp hend r uf jede’ Fall . . .« –
»Hammr nich, nehmse doch ›Potage Lamballe‹.«

Mo-n-en hao’ gfroget: »Wia ists mit em Brote’?«
hot r zo ›Rossbiff‹ ond ›Entrekott‹ grote’.

»Ist do au Schü debei?« — »Wat fürn Jeunke!
Schü – wat is Schü? Wir haben nur ›Tunke‹.«

»Knöchlen mit Kraut – des hend r doch wohl?« –
»Nö, awa Aisbain mit Sauakohl.«

»Ei'gmachts Kalbfleisch wär au ganz schö' . . .« –
»Hammr nich, nehmse doch ›Kalbsfricassée‹.«

»Saure Kuttle'?« – »Wat fürn Jefräß?
Nehmse doch ›Tripes à la lyonnaise‹.«

»Siadfloasch mit Gürklen ond Meerrettich?« – »Nö,
hammr nich, nehmse den ›Pot-au-feu‹.«

»Oder au Buabespitzlen mit Kraut?« –
»Wohl Kannibale? Mensch, sahrnses nich laut!«

»Au et en Dotsch, ma' verzwazzlet jo schier?« –
»Nö, awa nehmse en ›Omlett‹ dafür.«

»Kratzete au et mit Zwetschge'-n-ond Schnitz?« –
»Kratzete? – Ausschlach! det is ja en Witz.«

»Gaisburger Marsch?« – Ond r schüttlet de' Kopf:
»Nö, awa schwebischen Suppentopf.«

»Maultasche' wenigstens?« – »Hörense mal:
›Maul‹ – sowat jibts nich in unser Lokal.«

»Aber doch Spätzlen?« (was bleibt oam uf d Länge?) –

»Könnense haben in jeder Menge . . .«
Was für e' Wonder en ao'serer Zeit,
daß es en Stuaget noh Spätzlen geit!

s Göckele

»Wer hett ao dees de'kt, Marie! Gar so arg
hetts et pressiert, ao mit em Wilhelm et.
Ma' sait et omesust, em Kra'kebett
sei besser liege' als em schö'gste' Sarg . . .
Gott geab em d ebig Ruah! Mo hots denn gfehlt?«

»Des Deng«, hot d Marie gsait, »ist glei verzehlt:
Gests morge' sitzt r uf em Kanepee
ond trenkt zwue' graoße Schüssle' Malzkaffee
– r trenkt sust kaum emol e' halbe vol –
ond sait, es sei-n-em heut so pudelwohl
ond seine Schmeaze' häb r ganz vergesse' –
heut tät r gearn e' brotes Göckele esse'.
Was? sag e, haör e reacht, e' Göckele saist?
I woaß et, Wilhelm, ob de' dees vertraist . . .
Morom et? sait r, eme' gstandne' Ma'
gang so e' Butzger grad en hohle' Zah'. –
Ond noh? Noh hao'-n-em halt de' Wille' tao'
and hao' oas grupft ond brote', rösch ond brau'.
Schlag zwölfe breng e d Kachel rei' en d Stub,
mei' Ma' verwaatet kaum de'-n-eeste' Schub
ond hot ao glei de' Kacheldeckel glupft
ond mit dr Gabel noch em Göckele gstupft.

Halt! sag e, zueest wud bettet, vor ma'-n-ißt –
so glüstig ist r, daß rs ganz vergißt.
Kaum hot ma' ›Amen‹ gsait ond macht es Kreuz,
do hot rs uf em Teller ond verschneidts.
Ond wia-n-r grad de'-n-eeste' Bisse' nemmt,
do macht r zmol e' Gsiicht na' wia verklemmt,
verhebt se noh am Tisch mit knapper Naot,
fällt om ond tuat en Schnapper ond ist taot.«

Dr Nochber haörts, ond d Auge' wend em feucht;
r sait: »So möcht e später ao mol gaoh' . . .
O Marie, wer vor Freud stirbt, dear stirbt leicht,
ond vorher bettet hot dr Wilhelm ao.«

D Frau Hurlebaus

Älls ist do: dr Farbfernseher,
s Auto ond e' Spüalmaschee,
s Pelzcape ond dr Rasemäher
ond e' ›Wochenend‹ am See.

Ebbes fehlt noh: äll dia Dame',
me so kennt vom Kino her,
häbe, sait se, schönre Name' –
›Frieda‹ sei so ordinär.

Dorom suacht se für ihr Kloane
au en schicke' Name' raus,
ond r paß et übel, moa'-n-e:
›Carmencita Hurlebaus‹.

Unfromme Legende

»Gott schuf den Hemmel ond die Erde«
mit nonz als mit em Woat »Es werde!«
Sechs Tag lang hot r braucht dezua
ond gönnt se eest am siebte' Ruah.
Ond weil em, was r gmacht hot, gfällt,
drom lobt r se, sei' schöne Welt.
Der Teufel aber sait: »Dia Pracht
host du em Ha'domdrehe' gmacht?
O Herr, hot s so pressiert? no joo –
dei' schöne Welt ist ao dernoh . . .«

1. Moses 1,26

Moses hett dean Spruch verhebt,
wenn r s Freibad hett erlebt:
bei de Weibsleut, falls se jong,
ma'g r stemme', ond de' freust de;
aber bei de ällermeiste
ists e' Gotteslästerong.

---

1. Moses 1,26: »Und Gott sprach:
Lasset uns den Menschen
machen nach unserem Bild, uns ähnlich.«

Schloflose Naacht

De' schlofst et ond de' wachest et,
de' drehst de rom ond nom em Bett,
de' konnst uf dees ond konnst uf sell,
ond wärs en deire' Schlofstub hell,
noh tät de bei deam Romsenniere'
d Muck a' dr Wa'd scheniere'.

Ond was am Tag de gärgret hot,
leit bei dr denn ond will et fott
ond hetzt de uf: wia host dr ao
des älles könne' gfalle' lao'!
Gang, wehr de doch, glei moane' morge'
muaßts deam ond sellre' bsorge'.

Ond en Gedanke' schreibst em glei
ond saist em, was r für oar sei;
ma' seah'-n-ems a' vom Kopf bis z Fuaß,
ond so ond so . . . Mit schwäbischem Gruaß.
En Adfokat tät ob deam Schreibe'
sich d Händ vor Gluste' reibe'.

Noh leuchtest – s goht iatz volls en oam –
ao sellem domme' Weibsbild hoam:
wenn dia dr nóhmol aohne Grond
mit ihrem freche' Maulwerk konnt,
noh saist, s geab Sotte ond s geab Helle,
ond sie ghaör zo deselle.

Iatz ist drs leichter, iatz schlofst ei' . . .
verwachest noh beim Sonneschei',
ist älles anders – kuuz ond guat:
de' lupfst vor selle zwee de' Huat
ond de'kst beim Guate'-Morge'-wensche:
  Laß mache', s send halt Mensche'.

Vo' de üble Nachredner

Bei jedem Vortrag, dean oar hält,
stoht hentedrei' oar uf wie bstellt
ond sait: »I möcht zusammefasse',
was unser Gast hat falle' lasse'.« . . .
Am andre' Morge'-n-aber bäfft
dr Kehrwisch übers dopplet Gschäft.

Dr Mesmer

Därst mrs glaube, wenn dr sag:
d Mesmer send e bsondrer Schlag.
Beispielsweis dr aoser – narr,
dear ist gscheiter wia dr Pfarr.

Mit em Schaffe' hot rs ete',
ond r klagnet, wamma-n trifft:
s Schaffe', sell sei s pure Gift,
liaber tär r bette'.

O wia müaß se ear verstreite':
Tag für Tag hoaß druimol läute',
d Sakristei en Oadneng hao',
d Liachter am Altor ausstupfe',
bei dr Täufe s Kendle lupfe',
bei dr Leich de' Sarg na lao'.
Sonntigs müaß r d Orgel trette',
d Kirchefah' ond s Rauchfaß tra,
mit em Pfarr lateinisch bette',
ond zo ällem Amen sa . . .
Ond dezuana', sell gang drei',
ao noh Kirchedusler sei'!

Dofür kriag r uf Drui-König
siebezg Mark ond des sei z wenig,
dodevo' wear neamed reich;
s komme freilich noh dezua
Markes anderthalb bis zwua
extra noh per Leich.

Ond i frog en, ob r denn
vo' deam bißle leaba' könn?
Ha, ma' macht halt grad so weiter;
Christus ist mein Leben, sait r,
ond es Sterben mein Gewenn . . .

Schualkamrade'

Dr Oa':
»A'seah' tät ma'ms et, deam Alte',
seine dreiasiabezg Johr.«

Dr Ander:
»Jo, r ist zwar nia' dr Hellst gsei'
ond beim Learne' nia' dr Schnellst gsei',
aber agseah' vo' de Hoor
gib e zua: r hot se ghalte'.«

D Nähre

Wia ist ao dia Nähre so fleißig ond geschickt:
se stichlet ond knuppret ond wieflet ond flickt.

Ond wia re'-s vor Ha'd goht, so flenk ond so gschwend:
eest gests hot se gnäht, was se heut wied vertrennt!

Se rädlet ond fädlet, macht Spickel ond Blätz,
se raatschet ond baatschet ond woaß jedes Gschwätz.

Des mua'-ma' fei' könne', des mua'-ma' verstaoh':
e Maul voler Glufe' so schnäddere' lao'!

Ond wemma' se froget: wa geit des, wa wuuds?
Noh sait se: e Kload velleicht oder e Schuuz –

so gnau wiß ses et, s wear schao' ebbes gea',
ond zletzte' beim bögle', do wear ma' jo seah' . . .

Ond hot ses verschnitte ond hot ses verpfuscht,
noh sait se, se komm s nächstmol defür omesust!

Februar

Dusse' hots noh Schnai ond Eis,
Schleifetse' ond Schlittebahne',
aber hentrem Ofe' d Ahne'
klagnet über Reißmattheis.

s Behnelädle, sait se, häb
heut de ganz Naacht wieder gschlage' –
o sie kö'ts bigott vertrage',
wenns bald ander Wetter gäb.

D Ahne' speirts, drom naus vors Haus,
heut noh Schlitte' gfahre', Kender!
Moane' morge' lauft dr Wenter
schao' vielleicht zom Kehner naus . . .

Xanthippe

Wer tät dean Name' heut noh wisse',
hett Sokrates zom Zeitvertreib
et en dean saure' Epfel bisse'
mit so me' bodebaöse' Weib?
So schloaft r deare' ihren Name',
vor deam s aos Mannsleut heut noh grauset,
mit sei'm durch über zwoa Johrtaused. –
Do seahnet ers, verehrte Dame',
wia weit ma's mit em gscheitste' Ma'
ond *wia* ma's so weit brenge' ka' . . .

Pantoffelhelde'

So wenzig i be', so greng ond so klei',
i hao' mit em Sokrates ebbes gemei':
ao *dear* ist ontrem Pantoffel gsei'.
Nao scheint dr Pantoffel vo'r seinige'
noh graösser gsai' wia vo' dr meinige'.

Kleinschreibung

»Aufpaßt, kender!« sait dr lehrer,
»mit dr alte' schreiberei
ischt es aus jetz, weil se schwerer,
jetzet schreibt mr alles klei'.

dodurch wird, wia's an dr zeit ischt,
s demokratisch wese' gstärkt,
weil, ob oiner domm, ob gscheit ischt,
bei dr klei'schrift niemand merkt« . . .

reacht so! d kender nao dra' gwöhnet,
daß es en dr heutige' welt
nao noh *oas* geit, mo s verdeanet,
daß ma's weiter graoßschreibt: 's GELD.

Vo' de Lehrer

Möchtest du e' Lehrer sei?
Wer s et hot, kriagt Gallestei':
Dreißg so Bankert en dr Klass,
älle vo' dr gleiche' Rass,
Buabe', Mädlen – lauter Koge'
voler O'fürm ond verzoge'.

Koan Respekt maih, fahrig, faul,
frech ond vorlaut mit em Maul.
Omesust ist, was de' schwätzst –
s Learne' konnt bei deane zletzt.
Gege' Fuaßball, Fernseah', Schlager
wuud dr Lehrer zom Versager.

Klagst de Alte, ihre' Bua'
sei e' Tropf ond domm dezua',
noh konnst a' de lätz Adress:
»Was, dr mei'? Des konnt vom Schtreß,
Sie verlanget z viel, sust wär er
Eester – s fehlt am reachte' Lehrer.

Ao em A'stand sei-n-r schwach?
Deescht, Herr Lehrer, Ihre' Sach!
Was mr selber dovo' hend,
langet et ao noh fürs Kend,
überhaupt, zom Geldverdeane'
braucht ma' koan, des sag i Eahne . . .«

Kuuzom, was a' so re' Krott
d Kenderstub versomet hot,
soll dr Lehrer weleweg
feetig brenge' – aohne Schläg!
Möchtest du e' Lehrer sei'? –
Noa', i hao' schao' Gallestei' . . .

Brief ans Finanzamt

Werthe Herren!
Habe euren
ohnferschemten Schrieb erhalten,
wo drin stet, daß ich an Steuren
taused Mark, und zwar an alten,
blächen sol auf Monetsend.
Dieß rumohrt mir so em Bauch,
daß ihr euch ja denken könt,
wo für ich den Wisch jetz brauch.

O ihr Bürograthenseelen,
moher nemmen ond et stelen?
Pfui! wenn ihr es soweit treibt,
daß eim kaum das Hemmed bleibt
ond sogar der ehrlichst Ma'
s stelen kaum verheben ka'.

Ist denn net scho heut im Staat
jeder zweit ein Bürograth?
Früh hat einer ganz allein
zom regieren glangt, der König,
aber heut send – mus das sein?
dofür honderttausend zwenig!!!
Nemmet denen Steurenfresser
d Stempel weg ond Tentenfässer,
des hett Senn ond des hieß gspart!

Ond derweil e scho en Fahrt:
mus denn jeder Bua studieren
ond statt lerne randalieren,
bloß damit er en seim Alter
Marken ausgeit ame Schalter?
So vil Dockter brauchz em besten
Postamt nicht auf onsre Kösten.

Ond milliohneweis wirz Geld,
wo man ons hat wegbeschißen,
z Bonn zom Fenster naußgeschmißen,
weil man ons für Sempel helt!

Mir stehz Wasser biß an Kragen,
wenn ich jetz noch en pahr Tagen
zalen sol – wie hoch ich dann,
meine Herrn! noch brunzen kan,
kan Herr Morlock Ehnen sagen.
Melket also lieber einen
andren Oxen als wie mich!
Damit wär der Fall em reinen,
schad om jeden Fedrenstrich,
basta! Euer ganzer Laden
ist von mir auf d Kirbe gladen.
Nix für ogut!
        Achtungsvoll
        euer Johann Baptist Knoll.

D Rottweiler Fasnet

Rottweil ist e schöne Stadt,
Rottweil leit am Necker,
z Rottweil gucket d Narretei
übral aus de Ecker.

Aber z Rottweil hot ma' nao
zwoa, drui Täg en Sparre' –
Anderleut tends et mit Fleiß
ond send s ganz Johr Narre' . . .

D Stuegeter Fasnet

»O wenn mir noh kenntet, wia mir mechtet!«
Eine Zuschauerin beim
Stuttgarter Fasnachtsumzug

Wenn d Stuggarter Fasnet habet,
noh spennet se ond begrabet
beim Omzug scho' d Fasnet still ond leis:
ma' hört kei' Juzge', kei' Lache', kei' Gschrei . . .
Narr, d Stuggarter könnet net narret sei',
ond wend ses, noh send se baös.

St. Grobian

Sankt Ulrich ist als frömmster Soh'
vo' aosrem Stamm sei' Schutzpatro'.
Et ganz so heilig ist sei' Gspan
als Ober-Schwob: Sankt Grobian.
Ond doch geits weit ond broat koan Schwob
mo deam Patro' e' milde Gob
et Tag für Tag als Opfer brengt –
ond hett rs nao' em Stille' denkt.
Natürlich paßt des Wöatle ›mild‹
nao' so wia d Faust ufs Aug ens Bild;
em Gegetoal, mei' Litanei
ist grob; drom, Leasere, verzeih,
wenn manches drenstoht, ao noh druckt,
was, wer uf A'stand hält, verschluckt.
Ond trotzdeam ist se nao' e' Prob
vo' ällem, was bei aos e' Klob
em Spaß ond Gspött, em Zoan ond Streit
a' Sonntigsnäme vo' se' geit.
Do nickt Sankt Grobian mit em Kopf:
»Nao' raus demit, sust geits en Kropf!«

Do bratzlets mit me' Donderskrach
wia Schlooße' uf e' bleches Dach
vo' Dackel, Dubbel, Trialer, Lalle,

Bischof Ulrich von Augsburg aus
urschwäbischem Geschlecht (890–973)
gilt als Patron der Schwaben.

vo' Lohle, Drallewatsch ond Galle,
vo' Tagdiab, Trüableng, Trodler, Dibbel,
vo' Grüftel, Kopper, Grupper, Krüppel,
vo' Balla, Bajass, Lompepack,
vo' Schlurger, Klob, Galott, Schlawak,
vo' Lahmarsch, Loam- ond Soafesiader,
vo' Kaffer, Schnapslomp, Dovesbrüader,
vo' Glufemichel, Griffelspitzer,
vo' Gispel, Sempel, Soacher, Spritzer,
vo' Schnalletreiber, Schlamper, Tropf,
vo' Rauhbautz, Stoffel, Semreskopf,
vo' Scheurepuuzler ond Krakeeler,
vo' Klammhok ond vo' Erbsezähler,
vo' Waihtag, Siach ond Herrgotsblitz,
vo' Fetz, Finassel, Malefiz,
vo' Schereschleifer, Bullebeißer,
vo' Hemmed-, Bett- ond Hosescheißer,
vo' Krattemacher, Beck ond Büffel,
vo' Narrebatle, Kog ond Süffel,
vo' Sparefantel, Schendersknoch –
ond vo' me' ganz bestemmte' Loch . . .
Ao s letzt Woat sag e et express,
nao': Bapp- ond Schof- ond Lompe'-S . . .
Halt! ebbes no, i trags gschwend noch:
ma' ka' fast älls en aosrer Sproch
– ond wer se leane' will, solls merke' –
mit Sau- ond Mords- ond Gra'- verstärke'.

Des wäre d Mannsleut; schier noh schlemmer
send d Näme' vo' de Frauezemmer.
Do hots verblöamle' et viel Zweck,
ma' hoaßt se frisch vo'r Leaber weg:

e' Denge, Luader, Ga's ond Aas,
e' Batschere ond Kaffeebas,
e' Bompel, Bomsel, Baik ond Bull,
e' Bähmull ond e' bhäbe Mull,
e' Riaster, Ripp, e' Räff, Ragall,
e' Mensch, e' Schlutt, e' Schäaf, e' Schnall,
e' Bautschel, Botzel, Kosel, Hättel,
e' Bloter, Dotsch, Schartek ond Vettel,
e' Grombir, Knausbir ond Zibeb,
e' Raffel, wia's koa' zwoate gäb,
e' Schenderluader, Kuchebuddel,
e' Schlampere ond wüaste Zuttel,
e' Lompedock ond Lompetier,
e' Schlappergosch, e' toage Bir,
e' Grustel, Schachtel, Kachel, Schell,
e' Hex, Karfreitigsrätsch, Lompell,
e' Trutschel, Trampel, Miste, Dull,
en Schlitte', Hafe' ond Schatull,
e' Schendmähr, Geitefüdle', Zott,
e' Rotzna's ond e' freche Krott . . .

Ma' sieht ond haört, deescht et dr Oat
fürs gmüatlich ›-le‹ a jedem Woat.
I kö't noh ganze Seite' fülle',
ond jede wär e' Schapf vol Gülle',
ond dorom laß e s liaber weg.
Gang, rudle selber rom em Dreck
ond heb dr d Na's ond d Aohre' zua'!
Mi aber, Leaser, laß en Ruah',
weil i des Zuig, des wüast, jo nao'
em Volk vom Maul aglease' hao'.

Vom Fortschritt

Proletarier, also Leut
aohne gnuag Monete',
deescht e' Woat, mos nemme geit.
Oft degege' send zur Zeit
reiche Leut Prolete'.

De guat alt Zeit

s ist nemme dees! So klagnet heut
deselle mit de grooe Hoor.
Iatz i moa' halt, en dreißg, vierzg Johr,
vielleicht ao bälder, halte d Leut
de oaser für »de guat alt Zeit«.

Vor em Hennegatter

»Guck ao dia schöne Henne' a'!«
sait sui ond zeigt se ihrem Ma'.
Dear zählts: e' Dutzed oder maih,
ond s tuat em d Wahl bei jedre' waih.
Dr Gockeler em Paradeschritt
stolziert drom rom ond sitzt älltritt
uf oane nuf, loht Kräher naus
ond bläht se uf als Herr em Haus.
Se siehts ond sait: »Schao' s drittmol, guck!
Respekt, Respekt, deam geits e' Stuck. . . .«
Ihr schiafs Geguck vo'r Seite' her
sait älls, was sust noh z saget wär . . .
Ihr Alter aber reibt se d Na's
ond sait: »Schao' reacht, dear Kerle ka's;
nao' daß de' d Hauptsach ganz vergißt:
daß jedesmol en andre ist.«

D Erbsönd

So oft e dia Gschiicht en dr Bibel älls lies
vo' Adam ond Eva em Paredies,
ond wenn e debei a' de' Söndefall komm,
noh wur e ganz irr ond frog me, morom
dr Herrgott des aoschuldig Pärle wia d Affe'
ganz blutt ond pudelnacket hot gschaffe',
a'statt r ne' glei e' Feigeblatt gea' hett,
daß koas selle Sächlen beim andere' gseah' hett?
Koa' Wonder: e' Ma' ond e' knusperigs Weible,
er aohne Badhos ond sie aohne Leible,
nonz z schaffet ond jong ond em Gaate'-n-alloa' –
was hettet se anders denn solle'-n-ao toa'?
Ond so ists halt komme', wia s komme' hot müasse' –
ond *mir,* mir müaßt den Geburtsfehler büaße' . . .

Gaigel

Drei Manne' ond drui Tubakspfeife',
des geit e Luft – ma' ka' se greife'.
Se hocket do mit raote Köpf
ond gaiglet om paar Hoseknöpf.

Se hebet a ond gent ond mischet
ond gucket daß se Trömpf vertwischet,
se streichet d Schnauzbärt, machet Sprüch
ond streitet om en jede' Stich.

Dr Oa' sait: »Sell wär nohmal schöner!«
ond fuchtlet mit em Schippezehner;
ond wia-n-r uf de' Tisch nei' drischt –
nao guat, daß dear vo' Oache ist.

Dr Ander sait: »Nao gstät, nao waate',
narr, ander Leut hend au noh Kaate' –
bacht, Alterle, dir stopf-e d Gosch . . .«
Ond meldet Vierzge – so, do hosch!

Dr Dritt sait: »Nao koa' lange Predig!
Em bloe'-n-Affe'-n-en Venedig
do spielt ma' heazhaft, aber rauh –
des stich i mit dr Schellesau.«

Ond so gohts fott, se schreiet, händlet
ond bscheißet, wenns koar sieht, ond schwendlet
ond saufet grüabig dronternei'
em Adlerwiit sein Most für Wei' . . .

Dr Lompema'

Lompe'! Lompe'! überlaut
hot r s älls dur d Stroße' gsonge'
ond aos Kender, wemmerm s bronge',
Helglen gea' aus Menschehaut.

Hot des Gschäft ao Arbet kost,
maih hot s oaneweg et trage'
als en Käs, en Schwartemage'
ond en Schnaps zom Biremost.

Glaubsch, daß dees iatz anderst wär?
Wär r bei seim Leiste' bliebe'
ond hett heut sei' Handwerk triebe',
wär r gwieß schao' Millionär.

Politik

»Nunmehr sind wir überm Berg,
merken Sie's, Sie Schwabe?«
Dodruf dear aus Württeberg:
»Jo, ma' merkts, s goht abe.«

Helglen = Heiligenbildchen aus Zellophan

A’ dia, mo s a’goht . . .

D Lehrer ka’ ma’-n-et vermeide’,
übral send se voane’ dra’;
manche’n Lehrer muaß ma’ leide’,
wemma’n ao et leide’ ka’.

Heut so fuierraot wia Mennig,
gestets brau’ wia Kendlesdreck;
ehrekäsig, bhäb ond spennig
ond, mo warm rauskonnt, wia Zeck.

Sott dr Wend wied anders wehe’,
gleich moher ond gleich mona’,
muaß es schnell gaoh’, denn em Drehe’
gehnd se übre’ Wetterfah’.

E' Raoter

Dr Deng ist nia' ge beichte' gange'
ond nia' en d Kirch, au et zom Schei';
en d Höll tät dees alloa' schao' lange'
ond ear ist au noh Soze gsei'.

Wia hot r uf d Beamte gscholte',
ufs Kapital ond uf Berlin!
Ond gar nonz hot dr Wilhelm golte':
»Drsell mit seine Füüz em Hiin.«

Ond d Offizier ond d Fabrikante'
dia ghaöre mol en Senkel gstellt,
ond d Reiche müaß ma'-n-äll vergante' –
eest *noh* wears anders uf dr Welt.

Er tät se, wenn r reich wär, schemme',
solangs noh so viel Arme häb,
drom müaß ma' für de Bebel stemme',
wenns wieder Reichtstagswahle' gäb.

Nao ear alloa' vom ganze' Städtle
hot Blooe' gmacht am eeste' Mai:
e' raote Bloam, e' raots Krawättle
zom Sonntigstaat – so wills d Partei.

I siag: Respekt! En selle Zeite'
hot dodezua noh ebbes ghaört,
daß oar es Geld ond d Obrikgkeite'
so wenig ästemiert ond aehrt!

I hätt en fast zom Muster gnomme',
tät heut noh s Hüatle vor em ra,
wär nao et selle Erbschaft komme'
vom Onkel aus Amerika.

Maih Geld als andre hao', macht reicher
a' Sorge', mo koa' Armer kennt,
ond wer zo Geld konnt, dear wuud gleicher –
mit selle Leut, mo ebbes hend.

E' Haus muaß her, e' Werkstatt, Gselle'!
Iatz ist dr Deng e' gmachter Ma' –
de'-n-alte' Schreier ond Rebelle'
dean sieht ond haört ma'-m nemme a'.

r goht en d Kirch, r grüaßt d Beamte,
ist stolz uf sein gstudierte' Bua',
ond haört r mol ›Wacht auf, Verdammte . . .‹
noh hebt r boade Aohre' zua . . .

Wahltag

Se lüaget,
daß d Balke' sich biaget,
versprechet vom Hemmel ra s Bloo;
se schmieret der Rotz om de' Backe'
ond hoaßet de Andre Schlawacke –
sie seie de oazege, mo . . .

Wean wählt ma'-n-iatz do?

I gib dr en Rot: weil älle
dia Kerlen am gleiche' Tromm ziaget,
noh wählst halt gottsname' deselle,
mo d Balke' sich et so arg biaget.

Schweigen ist Gold

Mancher sieht wahrhaftig aus,
wia-n-r ist, ond, was noh schlemmer:
wenn r s Maul ufmacht, konnts raus,
daß r noh bei weitem dömmer.

Bileams Esel

So bibelfeste Leut wia ui
ist s Bileams Esel gewieß et nui:
mo deam dr Bileam paar versetzt,
hot zmol dr Esel mit em gschwätzt.
Ond weil ma' s für e' Wonder gnomme',
send älle zwee en d Bibel komme'.

So oa'fach ist des Deng heut et:
Wenn jeder vo' dr Boletik,
nao' weil r schwätzt, en d Bibel wött –
wär d Bibel tausedmol so dick.

Uf en Politiker

»Hot deam sei' Stöndle noh et gschlage',
wann tritt r a ond goht?« –
Des loht se mit *oam* Wöatle sage':
    z spot!

Dr Gsangverei'

Täufe, Haohzich oder Leich –
wa ma' feiret, sell ist gleich,
d Hauptsach ist ond bleibt debei
neabem Pfarr dr Gsangverei'!

Becke, Metzger, Schuaster, Schneider,
dicke Wiit ond Hongerleider,
Apotheker ond Kanditer,
Leichesäger, Haohzichbitter,
Küafer, Ipser, Kemmigfeager,
Feadrefuchser, Heiligepfleager,
Stadtakziser, Fleischbeschauer,
Kupferschmied ond Feilehauer,
Wengeter ond Kappemacher,
jonge Spritzer, alte Kracher,
älles ist em Gsangverei' –
so muaß sei'!

D Hauptsach aber konnt am End:
ao dr schö'gst Verei', wa wär r
aohne reachte' Dirigent,
aohne de' Herr Lehrer?

So e Ma' konnt et zom Gruabe',
dear ist überlengt s ganz Johr:
tagsüb haut r d Schulerbuabe',
obneds hot r Kirchechor,

Gsangverei' ond Geigestonda',
sonntigs orgle' en de Kerch –
narr des Gschäft macht ao en Gsonde'
rabiat ond überzwerch.

Älle standet uf me' Haufe',
jeder huastet nohmal gschwend,
aber wenn dr Dirigent
mit em Taktstock s Zeiche' geit,
guck, noh traut se koar maih z schnaufe'–
passet uf, iatz isch soweit:

Wia fahret dia Mäuler sperrangelweit uf,
wia juzget dia Manne' ond kommet et nuf!
Vo' onne' ruf brommlet wia aus me' Faß
ganz tiaf ond hohl e Bierbrauersbaß.

Dr Dirigent ist ganz verboge',
es platzt em schier sei' Brotesrock,
r schleglet mit de Eleboge'
ond fuchtlet mit seim Stock.

Iatz leget se laos, iatz ist enes gleich:
wia zittret dia Schnauzbärt, wia wacklet dia Bäuch!
Se senget so schö' ond se senget so laut,
se senget vom Rehlein ond »Wers uns getraut«
ond machet ganz spitzige Mäule';

se klagnet, se häbe koa' Schätzele maih,
ond s wuud ene' selber ganz wend ond waih
ond am liabste' tätet se heule' . . .

So e' Gsang goht oam ufs Gmüat.
Aber was ist s End vom Liad?
Daß se duustig send ond müad.

Dorom täts em Gsangverei'
deane Manne et so gfalle',
käm et noh dehennedrei',
ällemol e Balle'.

März

Meezeschnai, Meezeschnai
tut oam en de Auge' waih!
A' de Roa' ond en de Gräbe'
wehrt r se ond will noh lebe'.

s hilft em nonz, s ist a' dr Zeit,
mo doch bald dr Guggugg schreit,
mo-s doch schao' a' warme Plätzlen
Veigelen geit ond Palmekätzlen!

Dorom hao-n-e heut de letscht
Schnaibaal an en Boom na'bätscht.
Iatz ka' d Sonn dean wüaste', nasse'
Schnai vo' mir aus vollzger schasse'!

D Bürgerwach

Descht e Lebtag, descht e Gspaß,
älles ist maschugger!
A' de Feaster, uf dr Gaß
wuselets vor Gucker.
Auf, ihr Leut, ond d Fahne' raus:
D Bürgerwach,
  d Bürgerwach,
    d Bürgerwach ruckt aus!

Iatz kommet se noh glei oms Eck,
älls pfupfret uf de Stroße',
dr Polezei laicht de Buabe' weg
ond iatz! – iatz haöt ma's blose':

Do send se schao', devoanedraus
dr Tambor mit seim Stecke':
r streckt en nuf ond schwenkt en naus
ond fuchtlet rom ond fuchtlet nom –
r zwirbelet dean Stecke' rom,
ma' kriagt en ganze' Schrecke'.

Sechs Trommler kommet hennedrei',
dia hauet s Trommelfell schier nei'
ond gucket et kromm nom.
Des schetteret
ond wetteret
ond tuat oam en de Aohre' waih –
rompede – bompede – bom!

Dernoh lupfts d Leut schier vo' de Plätz:
mit raote Büsch ond raote Lätz
ond puterraote Gsichter
konnt d Musek vo' dr Bürgerwach
ond macht en donderschlächtige' Krach
mit ihre Messingtrichter.
Äll hondert Schritt macht oar e' Paus
ond dreht d Trompet em Bode' zua,
noh lauft am Mondstück d Spucke raus
ond tropfnet em uf d Schuah.

Ond dear, mo selle Trommel schlait,
dear hot de'-n-ärgste' Schlauch:
ma' woaß et, wa-n-r schwerer trait,
dia Trommel oder sein Bauch.

Uf oamol geits e Mordsgedruck
ond älles schreit: iatz konnt r, guck:
dr Hauptma', bolzegrad;
s ist oa' Gefonkel, oa' Geglitz
vom Helm bis ra zom Stiefelspitz –
e Muster vo' me' Soldat!
Wia dear sein blanke' Sarraß schwenkt,
ond wia-n-r schiergär d Füaß verrenkt
ond nemme woaß, was hist ond hott,
ond wa-n-r uf sei' schöne
Montur eest für en Krattel hot –
do hoaßts ao: Herr, wa be-n-e!
Dear stönd, des sieht ma'-n-aohne Brill,
am liebste' vor se selber still.

Dehennedrei' schloapft oaner d Fah',
r ka's schier et verschnaufe' . . .

Sell woaß e gwiß, dear stellt sein Ma' –
nochher beim Freibiersaufe'!

Ond noh maschieret se deher
em Stechschritt ond mit alte Gwehr;
aus dene
hot mei' Ähne
schao' Anno Tubak gschosse'.

Se seahnet äll enander gleich
mit ihre Schnauzbärt, ihre Bäuch
ond ihre graoße Bosse'.
So dappet se verbei
ond gucket drei' wia bsesse',
als hett e jeder heut schao' drei
Franzose' nüachtern gfresse'.

Ganz letzte' zottlet noh oar mit,
dean schlaucht e' jeder Meter,
r knappet ond hot falsche' Tritt –
des ist dr Sanitäter . . .

Aus ist d Kirbe, leer ist d Gaß,
d Weibsleut gehnd a's Koche',
ond em »Engel« wuud e' Faß
Doppelbock agstoche' . . .
Gehnd iatz hoam, ihr jonge Buuscht,
d Bürgerwach,
  d Bürgerwach,
    d Bürgerwach hot Duuscht!

Dr Meezluft

Überal em Flecke' duftets,
wia wenn ebber Gülle' leer,
ond aus älle Gääte' luftets
so en Schmack vo' Früahleng her.

Frische Wäsch hangt uf em Wiesle,
weiß wia Schnai ond aohne Mos:
doot e' Hemmed, selt e Blüsle,
do e Barchet-Onterhos.

Ond dia bauscht ond dreht ond bläht se
rond ond stramm a' sellem Soal,
ond dear ausgschämmt Meezluft schleht se,
daß es patscht, ufs Hentertoal.

Seller därfs, weil ear dr Föhn isch . . .
Aber dir wuuds en deim Deetz
ganz mariamagdalenisch –
o, dear Luft, dear Luft em Meez!

»Der Lenz ist da . . .«

Sie:
»Dia Kugelfuhr! iatz ist mr s z bont,
des haört mr uf, sust wur e grob.
So goht s iatz schao' e' gschlagne Stond –
haörsch et? Do ist e' Kerle dob!

Des bocklet, als käm d Decka ra,
mei' Haus ist doch koa' Hurebuff!
Se ka' mit Glanz ond Gloria
heut naacht noh gaoh – iatz gang e nuf . . .«

Er:
»Was, bei dr Marie? Schwätz koa' Blech,
wer geng denn ao a' so e' Bull!
Des ist e' Relleng, mo em Gräch
en A'standsbsüachle macht ber Mull.«

Aufklärung

»O Mamme', mo kommet denn d Kenderlen her?« –
»I hao' drs doch gsait: vom Storch, dommer Bua'.« –
»Sell schao', aber sag mr, moher hots noh dear?« –
»Vo' s Haierles Gaate' – iatz laß me en Ruah!« –

»Vo' s Haierles Gaate'?« – »Ha jo, en dr Näh
do hot r doch s Nest uf em Bischofspalais.
Ond selt ist em Gaate' dr Kendlesbronne',
do holet rs ruf vo' ganz tiaf donne'
ond fischet se raus mit seim spitzige' Schnabel,
ond doher hend Kender e' Löchle em Nabel.
Noh brengt rs dr Mamme' ond beißt se en Fuaß
so daß se e' Weile ens Bett liege' muaß.
Ond wenn de' vom Storch mol e' Brüaderle witt,
muaßt Zucker nauslege' ufs Fea'sterbritt . . .«

Ihr lachet – wer glaubt noh a sottige Märlen?
Ma' konnt doch dehenter em Lauf vo' de Jährlen . . .
Wenns so ist, noh ka'-n-e jo mittoa' beim Lache':
ihr glaubet doch oft noh ganz andere Sache'.

»Da reuete es Ihn . . .«

O Herr, s scheint wieder a' dr Zeit,
daß Di Dei' Menschenmachwerk reut –
muaßt nohmol d Sentflut komme' lao'?
O liaber Gott, i kö't s verstaoh':
Was heutzutag dia Menschheit treibt,
goht über älls, was d Bibel schreibt,
ond s Schlemmst: je schärfer ihr Verstand,
je maih nemmt d Bosheit überhand.
Vor lauter Gscheitheit ist se domm
ond brengt se blendlengs selber om –
wenn heut noh et, velleicht schao' moan . . .
Drom, lieber Gott, verheb Dein Zoan,
se haöret doch et uf Dein Spruch!
Koa' Sentflut brauchts, koan Wolkebruch,
de' brauchst De et noh lang vertoa',
dia schaffet s von e-ganz-alloa' . . .

Dr Erbonkel

Wia hend se deam Onkel flattiert ond hofiert,
was hend se mit deam für en Leabtag ghett!
Ond schließlich, mit achtzge, ist em s bassiert –
dr Taod verschonet ao reiche Leut et.
Ber Leich hend se gheulet – so hot ma' noh nia
Verwandte jomere' haöre' wia dia,
Ond eest bei dr Grabred, so mild ond so ölig,
hend d Gsiichter vor lauter Schmeaz sich verfärbt . . .
Ond s konnt ne' vo' Heaze': dr Onkel selig
hot nämlich sei' ganze Verwandtschaft enterbt.

Zeitongsstreik

»Wia, was? koa’ Zeitong heut em Kaste’?
Mei’tweage’, s goht amend ao so,
velleicht ist s gsond uf dia Art faste’ –
iatz haör e ao et Radio.

Ond s Fernseah’ mach e grad zom Bosse’
glei gar et uf, was ao bassiert,
s wuud doch nao ta’zet, grillt ond gschosse’
ond stondelang bolitesiert . . .«

So hot r gsait, so hot r s ghalte’:
r ist am neune schao’ ens Bett –
ond hot noh nia’ mit seire’-n-Alte’
en so en schöne’ Obed ghett.

Beim Zeitonglease'

s ganz Blättle ist vol vo' Taotschlag ond Mord,
se brenget enander om em Akkord,
aus Übermuat, Neid ond aus Gier noch em Geld,
ond saget, ma' tärs für e' bessere Welt . . .
Nao manchmol brengt onter äll deane Knüller
mei' Blättle e' kuuze Notiz als en Füller:
aus Eifersucht häb oar sei' Mädle verstoche' –
ond dees ist noh s Menschlichst seit viele Woche'.

Sprichwörterballade

De Alte geltet nemme viel,
de Jonge ist, was Alte saget,
so ao'weat wia e' Birestiel,
dean etemol maih d Mäus vernaget.
Mo s Oale gscheiter ist wia d Henn,
gilt: lange Hoor ond kuuzer Senn.

Heut will dr Mausdreck Pfeffer sei',
heut muaß dr Wage' d Ochse' ziage',
gilt s Teufels Hoan als Heiligeschei',
ond feaget d Weiber ufwärts d Stiage'.
Ond wer so arm wia Kirchemaus,
dear huastet reich ond spuckt arm aus.

Se hends pressant, dia jonge Leut:
Se esset d Bire', vor se zeitig,
de' Toag, noh eb r Spätzlen geit
ond d Aosteroalen am Karfreitig.
»Do leits!« hot d Magd gsait vo' deam Baure'
ond hot beim Ta'ze' s Kend verlaore'.

Wer hot, dear hot, ond koar hot gnuag,
s ist manchs verronne', vor ma's gwonne'.
ond seller brafflet irde Kruag
ist broche', vor r goht zom Bronne',
Was aber heut wia früher stemmt:
daß s Fett em Hafe' obe' schwemmt.

s schö'gst Kälble wuud em Lauf dr Zeit
e Kuah, s schö'gst Fülle geit e' Mähre,
ond was de Weibsleut Gott et geit,
des geit ne' gege' Tagloh' d Nähre.
Do hoaßts halt: schätz koa' Wies beim Tau
noh weniger beim Ta'z e' Frau.

Ond d Liabe ist wia Sauerkraut,
se gwärmt oan, wemma' schnädderet;
wohl sellem, mo se gsond verdaut,
ao wenn de Alt mol wetteret!
Ma' fendt en jedem Pelz e' Laus,
so lang ma' sengt, ist d Kirch et aus.

Wer andre jagt, wuud selber müad,
mit Gwalt ka'st ao en Igel flaohe',
ond wenn bei Kender gar nonz ziaht,
noh hilft nao' oas: den Arsch verhaue';
wenn s Kend sei' Schuld mit Heule' büaßt,
ists besser, als wenns d Eltre' müaßt . . .

Am Radio

»Bello! Haör doch, wa-n-e sag:
neamed will de rätze',
deescht e' Herr vom Bondestag,
still iatz! Laß en schwätze'.«

s ist für d Katz, dr Bello billt,
knurret, wenslet, jaulet,
ond dr Ander gilft ond schilt,
töbret, bäfft ond maulet.

Wer tuat wüaster — ists dr Hond
oder dear em Kaste'?
Schliaßlich wuud dr Krach mir z bont,
ond i druck uf d Taste'.

Aus ists, d Stub ist wieder still,
s Hondle geit mir d Pfote' –
wa-n-es domit sage' will,
loht se leicht verrote':

»Toa', wia wenn r s Hausreacht hett –
sell wär nohmol schöner!
Herrle, gelt, des leidt ma'-n-et,
ao et vom Herr W. . . . r.«

April

Dear hot älls em gleiche' Säckle:
lache', heule', warm ond kalt.
Wemma' moa't, iatz müaß noh bald
s Frühjohr komme' sait r: Dreckle,
i halt mi a' koan Kalender,
iatz mach i zom Posse' Wenter!

Ond dr Petrus, dear ka' lache',
dear hot d Luse em April;
weil r do beim Wettermache'
toa' ond lao' ka', wa-n-r will.

En Schnai gschriebe'

Em Wenter hao'-n-e mol en Schnai
– so jong noh be'n-e domols gsei' –
de' Name' vo' meim Schatz nei'kretzt
ond dronterna' e' Heazle gsetzt.

Iatz wia-n-es später em April
am Roale wieder fende' will:
koa' Name ond koa' Heazle maih –
mo ist r na', dr ferndig Schnai?

En Alter em Frühjohr

Koa' Luft, koa' Wolk, dr Hemmel bloo,
ond älle Vögel send schao' do.

Ond gschieht ao jedes Frühjohr s gleich,
ond treibet älle Bööm ond Sträuch –

Aos Alte konnts mit jedem Johr
als nuis ond graößers Wonder vor.

So warm machts, dass e beinoh schwitz',
ond wenn e dob am Waldrand sitz,

Noh zehl e, wann dr Guggugg schreit,
wia viel er mir noh Jährlen geit . . .

Ond frog me doch: wur i des Grea',
des frisch, es nächst Johr nohmol seah'?

Aosterputzete

D Aosterwoche' mua-ma' nutze',
s Usser ond ao s Enner z putze'.
Do bleibt jeder Ma' seim Weib
besser hondert Schritt vom Leib!

O was hend se für e' Wease'
mit de Strupfer, Wischer, Bease'!
Vo' dr Behne bis en Kear
send se henter jedem Fleckle,
send se henter jedem Dreckle
mit em nasse' Lompe' her.

O wia send se überlengt!
Do wuud gwischt ond gfeagt ond gschwenkt,
agstaubt, büüstet, gschmirglet, gschruppet,
et a' Soaf ond Wasser gruppet:
eimerweis, daß nao so patscht,
wuuds uf älle Böde' pflatscht.

O wa hend se für e Gschiß!
Ond se knublet uf em Bode'
ond se rutschet uf de Knui
henter d Käste'-n-ond Kommode',
ond se gent et nore bis
älles blitzt wia nagelnui.

So mit ploge'-n-ond mit schende'
goht dr Dreck weg vome' Johr.
Herr, dia Weibsleut – isch et wohr? –
büaßet herb an ihre Sende'!

D Mannsleut, dia hend do en leichte'
Stand ond bsondre Gnade':
narr, dia brauchet nao ge beichte'
ond wenns haohkonnt, noh ge bade'!

Kulant

Se hot em Beichtstuahl älles gsait
ond macht reachtschaffe' Reu ond Leid.
Ond weils fast lauter Gschwätz ond Gschmus,
drom kriagt se nao e' leichte Buß.
Des macht deam Metzgersmädle Muat:
»Herr Pfarrer, o Sie send so guat,
ond s Beichte' ka' bei koam so schö' sei' –
därfs ao e' bißle meh sei?«

Vor Tag

Em Fea'ster stoht e' nuier Tag
ond blenzlet rei', noh blaß ond schwach.
E' Fenk devor probiert sein Schlag,
sust schloft noh älls, nao i lieg wach.

Koa' Troom, koa' Naachtgrabb hot me druckt,
koa' Glockeschlag, koa' Käuzle gweckt;
dr Schlof ond d Naacht hend älls verschluckt,
was gests me gfreut hot oder gschreckt.

Was Glück ond Ao'glück, Sorge', Geld!
I hao' nonz wölle', nonz vermißt,
i hao' vo'r Zeit ond vo' dr Welt
ond vo' mer selber nonz maih gwißt . . .

Ond druckt ma' mir mol d Auge' zua,
noh ist mers et noch Loh' ond Strof,
noh wönsch e mer für d ewig Ruah
de' gleiche' gsonde' feste' Schlof.

Erdkunde

Dr Balkan sei e Stuck Europa
ond weit eweg ond selt gangs zua . . .
So hao'-n-e glearnt als Schualerbua
zur guate'-n-alte' Zeit vom Opa.

Ond später hao'-n-e sage' höre',
dr Balkan fang bei Münche'-n-a'.
Ob a' deam Gschwätzwerk ebbes dra',
ka' etemol e' Preuß beschwöre'.

Ond heutzutag? s ist grupft wia gschore'
ond übral s gleich, mona' e guck –
heut ist Europa zo-me' Stuck
vom alte' wilde' Balkan wore'.

Glaubhaft

»Zo was Granate', Bombe', Gwehr?«
Do sei r, sait r, kuuz a'bonde',
ond wenn s uf ehn a'komme wär,
wär s Pulver heut noh et erfonde' . . .

Uf nüachterne' Mage'

Morgeds schao', wanns a'fangt tage',
wann e d Zeitong aus em Kaste' hol,
kriag e glei en schleachte' Mage',
ond hao' d Na's vom Überfliage' vol.

Ond beim Lease' – vor en tronke',
staoßt dr Malzkaffee mir sauer uf:
Schwätzer, Bonze' ond Halonke',
Ei'brüch, Mord, Erpresser, Sex ond Suff.

Pleite', Bschiß ond Kendsmißhandlong,
Enflazio' ond nuie Steuergsetz,
Omweltsdreck ond Landverschandlong
ond s dezuagehaörig Rothausgschwätz.

Flugzeugattentat ond Bombe'
gege' Ba'ke, Konsulat ond Griicht,
Leabensläuf vo' Fifazlompe'
ond vo' Menscher s nacket Hentergsiicht.

Wei'- ond Leabensmittelfälschong,
Schwendel ond Skandäl bis obenuf,
ond dezua' dia Sprochverwälschong:
›Eroszenter‹ sait ma'-n-iatz für Puff.

Ond pussiere' hoaßt ›vernasche'‹,
›Gruppesex‹ s Familienidyll,
Schualerbuabe' leanet ›hasche'‹,
ond de jöngste Krotte' nemmet d Pill.

Für d Kultur ond ihre Hüater
geit es Fußball-, Fernseah'-, Filmbericht,
ond für a'spruchsvolle Gmüater
schwaaz uf weiß de' Schwachsenn als Gedicht . . .

D Welt wuud Tag für Tag verdrehter,
d Zeitong aber ist ihr Kra'keschei'
oder s Fiaberthermometer,
ond es stoht uf neunedreiß'g Strich neu'.

»Seid fruchtbar und mehret euch. . .«

Er ist dr Dömmst gsei' vo'dr Klass',
ond dodruf ist noh heut Verlaß.
»Täts maih wia mi, so sait r, gea',
täts anderst uf dr Welt ausseah'!«
E' Ma' – e' Woat! Drom hot r gheiret
ond Johr für Johr e' Täufe gfeiret.
So konnt r heut, paar maih, paar mender,
uf guat drei Dutzed Enkelkinder. . .

Doch ob r d Welt mit bessret hot?
Ma' siehts jo – o du liaber Gott!

Em Radio

Schalt en aus, dean Klapperkaste',
mozua' hot r selle Taste'?
Muaß r denn de' ganze' Tag
wia dr Wasserhahne' laufe',
ka' ma' neaneds maih verschnaufe'
bis zom letzte' Glockeschlag?

Was se schwätzet oder senget,
ob ses deutsch, ob englisch brenget,
des verstohst eest noch ond noch:
s hiacht so überzwerch ond nobel,
Schwäbisch tuat wia Goschehobel
neabe' deare' feine' Sproch.

Aus me' Städtle wuud e ›Steedtchen‹
aus me' Mädle wuud e ›Meedchen‹,
aus re' Gaude wuud e ›Spaaß‹,
aus em Willy wuud e ›Raichert‹,
weil r d Sproch oms ›ai‹ beraichert –
host en Cognac? breng e Glas!

Ond wia gscheit ond bschlage' tend se,
ond was für en Lebtag hend se
mit em nagelnuie' ›Sex‹:
d Weibsleut hend halt bhäb beinander
voane' sell ond hente' s ander –
dafür sait ma'-n-iatz ›Komplex‹.

Ond vor ällem hend dia Tschode
fremde Ausdrück en dr Mode,
do konnt aoseroas et mit:
narr: e' Hering ist koa' ›hearing‹,
ond zom Bschiß saist besser ›clearing‹,
zom e' Lompeliadle ›hit‹.

s Gaigle'-n-ist iatz zmol e' ›hobby‹,
ond fürs Schmiere' sait ma' ›lobby‹,
zu re' Katzemusek ›band‹,
ond beim Sport zum Bscheiße ›doping‹
ond zom Geldverputze' ›shopping‹
ond für Narreteie' ›trend‹.

›Fixer‹, ›striptease‹, ›beatles‹, ›hippies‹
– nao mit Naot breng über d Lipp i's –
›sound‹ ond ›pop‹ ond ›beat‹ ond ›Dschääs‹ –
oa' Gedudel, oa' Gebäpper,
ond i frog me, frißt denn ebber
Tag für Tag dean nuie' Käs?

s hot mol oar e' Versle gschriebe',
descht mr vo' dr Schual her bliebe':
»Muttersprache, Mutterlaut . . .«
Waat, i brengs vielleicht noh zemme',
jedefalls dr Reim tät stemme':
»wie so wonnesam ond traut . . .«

Mei' Bua' studiert . . .

Mei' Bua' studiert; r sait, uf Germanistik.
»Ha'?« sag e, »ha'? sags nóhmol, aber gnau.«
Ond frog en aus, e' bißle henterlistig –
ma' will doch, was ma' zahle' muaß, verstaoh'.

Des Deng sei so: do gangs, was jo bekannt sei,
om d Sproch, om Dichter ond om d Litratur,
soweit se sozilogisch relefant sei –
se häbe grad de' Goethe en dr Kur.

Do wear sei' ›Heiderösle‹ mit em Messer
dr Analyse gmetzget ond verrupft,
ond progressif ond kritisch vom Professer
vo' Goethes Hiin ond Heaz dr Deckel glupft.

Ao mit em ›Faust‹ tärs, sait r, nemme stemme',
weam gang denn heutzutag dia Gschiicht noh nooh?
E' ledigs Mädle könn jo d Pille nemme',
ond naotfalls sei noh s Sozialamt do.

So boan ma' älle aus, de' Schiller, Lessing,
de' Uhland wia e' standebliebne Uhr,
do stell ses raus: was glitzt häb, sei nao' Messing
ond äll des Zuig, des alt, sei Maklatur.

De dickste Büacher liest r ond kapiert r
ond tuat mit fremde Ausdrück vor mr dick,
so daß e nemme woaß, uf was studiert r,
uf Lehrer, Dokter oder Boletik.

I sag: »O Bua', dia Wisseschaft, i sieh se
als ebbes Gspäßigs a' – mo will des naus?
Studier se halt! – nao' selle Anneliese,
des sag dr glei, dia konnt mr et ens Haus!«

Tübenge’

Köpf ond überhirnte Tüftler
geits noh gnuag, will sage’ »Stiftler«;
aber suach emol en Goge’ –
noh ka’st lang ond ebig froge’.
Dedefür geits maih Professer
(d Hälfte wäret gnuag ond besser)
ond Studente’ maih wia Platz!
Aber deescht doch koa’ Ersatz:
wer denn hot dr Stadt en Name’
en dr Welt gmacht, zwar koan zahme’,
aber oan vol Schmack ond Saft –
d Goge’ oder d Wisseschaft?

Vor em Büacherlade’

Büacher, Büacher – schätzwohl taused,
ond em Lade’ hots noh maih,
daß drs schao’ beim A’seah’ grauset,
ao wenn et älls Straoh ond Heu.
Geits denn, agseah’ vom Bapier,
so viel Leaser dodefür?

A’ mein Nochber muaß e de’ke’:
mo-n-e deam zom Namenstag
mol e’ Buach hao’ wölle’ sche’ke,
brommt r, wia-n-e s zua-n-em sag:
Was, e’ Buach? des brauch r koas,
beste’ Dank, r häb schao’ oas.

Weiberhändel

»Ond i«, hot oane gschria’ em Streit,
»i geng, ond wär ganz Stuaget blend,
mit so me’ Gsiicht, wia Sie oas hend,
et mol ber Fasnet onter d Leut!«

Mai

S ganz Oat em Bluast vergrabe',
dr Hemmel durna blo
ond d Wiese' voll Bagenge',
onds s Lüftle lend ond lo.

Uf jedem Boom e Haohzich,
e Fest uf jedem Zweig,
dr Emeritz bloset s Flötle,
ond d Grille' spielet Geig.

Ond Ziache', Schüüz ond Hemmeder,
dia pfluderet frisch gwäscht
vo' älle Zäu' ond Stotze'
wia Fahne' bei me' Fest!

St. Nepomuk

En Raoteburg stoht uf dr Bruck
e' Heiliger Sankt Nepomuk.
Komm, so pressant hosch-s ete',
mr wend gschwend zua-n-em bette':

»O Heiliger Sankt Nepomuk,
bewahr me ao vor Schade'
beim Schwemme-n-ond beim Bade';
gib uf de' Necker acht ond guck,
daß dren koa' Ga's and Geit versauft,
ond daß r jo et überlauft,
et daß r
mit seim Wasser
de' Weag en d Stadt ond d Häuser nemmt,
ond aos de' Wei' em Kear rom schwemmt.
O Heiliger Sankt Nepomuk,
do tätest aos en baöse' Duck!

Ond loht se halt
mit äller Gwalt
s Hochwasser et verklemme',
noh hao' en Ei'seah', guater Ma'
ond fang mit überschwemme'
e bißle weiter donne' a':
dia Goge' nemmets et so gnau,
en deane ihren saure' Wei'
därf wohl e' bißle Wasser nei'
– ond evangelisch send se ao . . .«

Zur Umtaufe

der Mittleren Neckarbrücke zu Rottenburg
auf den Namen des Verfassers anläßlich
dessen 75. Geburtstags

O heiliger Sankt Nepomuk,
i hao' vo' dir mol gsonge' –
iatz guck, wia weit e s bronge':
mir zwee mitnand a' *oare'* Bruck
zom Gä's- ond Geitehüate!
Be'-n-i für di e' Gegestuck,
ka'-n-i dir s Wasser biate'?
Bedank de schö' beim Gmeinderat
für so en Bruckekamerad!

O heiliger Sankt Nepomuk,
i komm jo selber schier en Druck,
denn du – du bist e' Heiliger,
ond i vo' gegeteiliger
Statur wur dees mei' Leabtag et,
ond wenn e grad oar weare' wött . . .

Iatz ist s halt so, Sankt Nepomuk:
dia Raoteburger lend et luck,
ond du ka'st s et vermeide',
ond i – i weis dia Ehr et zruck.
Drom gib dr selber ao en Ruck –
iatz muaßt me eabe' leide'.

Keeze'-Weihe

O heiliger Sankt Nepomuk,
du stohst so lang a' deare' Bruck,
do sottest raoteburgisch könne'.
Drom bitt e, haör mol gschwend do her:
dia Wachskeez do, drui Kilo schwer,
dia soll vor dir heut obed brenne'.
Behüat dia Bruck, daß nonz passiert –
sust semmer älle zwee blamiert.

Schwäbisches Liebespaar

Sell Pärle sitzt – es scheint vom Land –
bocksteif am Tisch wia drechslet;
se hend schao' seit re' Stond mitnand
koa' Sterbetswöatle gwechslet.

Se aachtet et uf andre Gäst,
se haöret et uf d Musik,
se gucket nao enander fest
en d Auge' – lang ond schmusig.

Er tätschlet s Händle, sie verzuht
uf dees na' ihre' Mäule,
ond deescht bis iatz dr ganz Dischbut,
ond dobei bleibts e Weile.

Noh schobbet s-em e Gabel vol
vo' ihrem Zwetschgekuache'
ens Maul ond wuud zom eestemol
schier gsprächig: »Zom Versuache'!«

»Mm!« macht r, »mm! noh warm ond frisch«,
ond gautschet uf seim Stüahle,
als suach r ebbes ontrem Tisch,
ond tritt re' gschwend ufs Schüahle . . .

Reacht so! Ma' konnt ao so a' s Ziel
ond ka' se et verhasple' –
ma' lugt jo sowiaso viel z viel
bei sellem Süaßholzrasple'.

s Fräule Zitz

Rüschle', Mäschle', Sametbändel
ond am Rock e' Beselitz
ond e' Düftle vo' Lawendel
om se – des ist s Fräule Zitz!

O sie sei – net übertriebe' –
s schönste Mädle gwea' vo' r Stadt;
daß se aber ledig bliebe',
sell steh auf me'-n-andre' Blatt.

Dutzedweis hab sie Verehrer
ghabt – an jedem Fenger oin:
Obersekretär ond Lehrer –
aber gnomme' hab se koin.

Auf de Knie' sei mancher glege'
ond hab gheult – e' gstandner Ma!
Oir hab gseufzget: ihretwege'
tär er sich noh ebbes a' . . .

Koin vo' älle hab se wölle',
außer oim – se sag net: wean . . .
Aber der – no, mit derselle'
hab er jetz, was er verdean . . .

So sagt s Fräule Zitz. Doch wenn dr
Herr Revisor, wias oft goht,
ihr verkommt mit Frau ond Kender,
wird se heut noh puterrot.

Mei' Schätzele

(Noch dr Saló'-Baure'-Weis
vom letzte' Johrhondert)

Mei' Schätzle ist e' Dockele,
so goldig, liab und schö',
und secht es: komm, mei' Jockele!
noh schlupf i an es he'.

Zwei Bäckle' hat s wia gmolet
und Zäh' wia Marmelstoi',
und Äugle' hat s, dia strohlet
oin a' mit liabem Schoi'.

Am Herzle vo' mei'm Schätzle
trag i mein Jomer z Grab,
das ist es schönste Plätzle,
wo ich auf Erden hab.

Und obends auf em Schrändle
sitzt d Liab mit ons em Hof,
mer haltet ons am Händle
und senget Stroph om Stroph . . .

E' Düftle, gar so liable,
so herzhaft und so gsond,
wehts her vom Güllegrüable –
descht onser schönste Stond.

Garantiert echt

Ja freilich ist dia Jongfer schö'!
Nao' hot sę falsche Hoor ond Zeeh,
e' Göschle, fuierraot lackiert –
wer dia verkußt, wuud ganz verschmiert.
Ond ihre Bäcklen, mennigraot,
tät fast e' Schild ›Frisch gstriche'‹ naot.
Ao hot se zemlich Holz vorm Haus,
ganz koscher aber siehts et aus . . .
Nao' s Heaz bei deare' Konstfigur
ist echt – weils falsch ist vo' Natur.

Die Sex-Welle

Se hend e' Gschiß, de' kö'test moane',
ma' häb eest heutzutag dean kloane',
uralte' Onterschied entdeckt,
mo en de Röck ond Hose' steckt.

Ond weil des so e' graoßer Fond ist,
zeigt jede, was an ihre' rond ist
vom Heaz bis na zom Hauptquattier,
ond biatets aus wia sauers Bier.

Ma' gwöhnt se dra' ond sait: »Kotzdonders,
ist dees vielleicht noh ebbes Bsonders?«
Se brenget oan demit oms Best –
wer fendt noh ebbes Nuis em Nest?

Dear ›Sex‹ – des ist e' modischs Übel,
wer woaß denn noh, daß noch dr Bibel
dr Adam eest de' Brote' gschmeckt hot,
mo d Eva s Müatterlich verdeckt hot?

D Angela

Wia hoaßt se denn? – So, Angela?
Des paßt für so en Engelsgstalt;
en dia tät i, wär i et z alt,
mi selber noh verknalle' . . .
an Makel hot dei' Engel halt:
bei sollem Sturz vom Hemmel ra
scheint dear ufs Köpfle gfalle'.

O tempora, o mores!

(Nach Fr. von Logau 1604–1655)

Dr Pfarrer hot, aus guate Grönd,
sei' Beichtkend gfroget, ob se ao
noh Jongfrau sei? Se sait: »Sell schao' –
so wia se heutzutag halt send.« –

E’ Kawalier

Desell? Dia hao’-n-e längst versetzt:
des Mädle hot mer viel z viel gschwätzt,
dia hots en oam Tromm laufe’ lao’
mit lauter Bafel, lauter Straoh.
I hao’ mr nemme z helfe’ gwißt;
drom hao’-n-e se am Gaatezau’
de’ ganze’ Obed halt verküßt.

Vorsicht, Glas!

s geit drei Deng, mo et dauerhaft;
se lend se, wenn se Schade’ glitte’,
beim beste’ Wille’ nemme’ kitte’:
dr Glaube’, s Glas ond d Jongfreschaft.

Liebeserklärung

Se send mitnand spaziere' gange'
ond hend sich uf e' Bä'kle gsetzt.
Er hot nonz gsait, ond sie nonz gschwätzt,
ond jedes tät gearn nüberlange'.

Er de'kt: e' saubers Frauezemmer,
ond hot se mit dr Ahsel gschuckt,
ond sie ist bißle näher gruckt –
do schnauft r uf ond sait: »Noh wemmer . . .?«

Wenn . . .

Wenn – i moa' jo nao' o'gfähr –
s Kendermache' grad so schwer
wia en Igel flaohe' wär –
d Welt wär lang schao' menscheleer.

Studente' 1911

1

Tübenge' leit bei Raoteburg;
selt geits Studente' – maih as zehlt,
ond nia' noh hots en Raoteburg
  a' schöne Mädlen gfehlt.

Ond weil so gearn bei selle dia,
ond selle au bei deane glitte',
send selle oft a' schöne Täg
  uf Raoteburg nuf gritte'.

Stolz reitet se ens Städtle ei'
uf Schemmel, Schecke', Rappe', Füchs,
mit raote Kappe', Sametröck –
  i glaub, ma' sait ›em Wichs‹.

Se hend en Allmachtskrattel ghet,
de' machst dr koan Begriff devo':
s hot jeder tao', als sei er vom
  Grof Göckele dr Soh'.

Ond manche hend de' halbe' Kopf
verpflästret ghet ond s Gsiicht schempfiert,
als hetts dr Lehrbua' vom Frisör
  als Gsellestück rasiert.

Ond Pfennig hend se ha'dvolweis
vom Gaul ra onter d Buabe' gheit –
ma' hot grad gmoa't, dr Rothschild ghaör
  zu ihre Gvattersleut.

Noh machet se am »Bäre'« Halt,
ond älls em Haus ist nao so gloffe',
dr Bärewiit, dr Johann, s Faß –
so hend die Herre' gsoffe'.

Ond zletzte' hend se d Wiiten noh
hochleabe' lao' (dia ist verschlupft),
hend d Gläser uf de' Bode' gheit
ond ihre Kappe' glupft.

»Drei Röselein, drei Röselein,
die pflanzt' ich auf mein Grab, vallera!«
So reitet se zom Städtle naus
ond s Neckertal wied na . . .

Nao oam paßts et: em Bolezei,
s ist sust e' seeleguater Ma';
der hot d Studente' uf dr Latt
ond bruttlet vor se na':

»Daß mir en ao'srer brave' Stadt
dia Schwittjeh müaßet dulde'!
Dia send doch nonz ond hend doch nonz
als Räuch em Kopf ond Schulde'.«

2

Se sitzet still enander gegenüber
am Vesper: Brot ond Käs ond Most;
ma' siehts ne' a', dia zwee sennieret drüber:
wia brengt ma's uf, ond was es kost?

Dr Bua studiert. Dr Pfarrer ond dr Lehrer
hend boade gsait, s wär Send ond Schad,
wenn dear et weitermach, denn später wear r
mit so me' Köpfle gwieß Prälat.

E' Zeitlang hot r Pfarrer weare' wölle',
zmol hot r gsait, r sattle om,
als Lehrer kriag ma' besser zahlte Stelle',
r sei vielleicht au z wenig fromm.

Zeest hot dr Vatter zoanig mit em gstritte',
ond d Muater konnts noh herber a',
ond zletzte' hot ma's halt, gottsname', glitte',
ao wemma's kaum verkrafte' ka'.

Ond *wa* des kost! Se müaßt noh ärger gruppe':
statt Brotes geits e' raote Wuust,
ond statt Kaffee am Obed brennte Suppe',
ond Most statt Bier für Vatters Duust.

Ma' dreht de' Pfennig rom, s Studentle aber
tritt schnurstracks en d Verbendong ei:
ond loht ses wohlsei', wia dr Gaul em Haber
ond leabt uf Beit ond langet nei':

r reitet, ficht ond sauft ond amesiert se
ond loht se zom Studiere' Zeit.
De Alte schaffets kaum – ond ear scheniert se,
daß grad de seine ›grenge Leut‹.

Dr Schereschleifer

»Kender, froget uire Leut,
obs et ebbes z schleifet geit:
Beile', Hope', Schere', Messer –
brengets nao, je maih, je besser,
daß des Gschäft ao ebbes trait«,
hot dr Schereschleifer gsait.

Hot de' Huat en Anke' gruckt
ond en d Händ en Blanke' gspuckt,
aus dr Bühs en Schmalzler gnomme'
ond en nufgschnupft mit em Domme'.
»Sodele, iatz wärs so weit!«
Hot dr Schereschleifer gsait.

Ond hot trette', drillt ond gwetzt,
s Rädle hot ganz grillt ond kretzt,
ond ehm selber ist sei' Zwiebel
gloffe' wia e Schleiferskübel.
»So e' Gschäft ist ao e' Freud!«
Hot dr Schereschleifer gsait.

Huat ab! sage, vor me' Ma',
mo wia dear sei' Handwerk ka'
ond mo's treibt mit so me'-n-Eifer!
Isch e Wonder, daß ehns gheit,
wenn e' jeder Schereschleifer
zom e' jede' Schereschleifer
Schereschleifer sait?

Juni

Laufet, Kender, hollet Sträuß!
Uf dr Wies blüaht älles zemme':
geal ond raot ond blo ond weiß –
därfets nao grad nemme'.

Aber tapfer! sust geits Heu,
ond dean Salbei ond dean Esper
ond dia Wicke' ond dean Klai
frißt en Ochs zom Vesper!

Humor

Humor hot, wer en ao verstoht,
obwohl r uf oan selber goht,
s ist onter gscheite Leut sogar
Humor vo' dear Art freilich rar.

De meiste Mensche' send verschnupft,
sobald ma's en de' Hentre' stupft,
ond selte' haörst: »Des tuat mr wohl,
gang, nemm dei' Gluf ond stupf nohmol!«

Pfengste'

»Komm, Heiliger Geist . . .« so hot ma' heut
en älle Kirche' gsonge' –
aus guatem Grond: ma' sieht, wia weit
mers aohne Ehn hend bronge'.

Ao i bitt: Heiliger Geist, jo, komm,
mach d Welt e' bißle heller,
dia Menschheit sirmlet jo dren rom
wia blende Ratt em Keller.

Ond goht uf koa' nuis Pfengste'-n-ei'
der Heilig Geist persönlich –
noh muaß jo et dr heilig sei',
zur Naot tuat s ao dr gwöhnlich.

Raoteburger Sonntig

Am Morge' weckt de, ehs noh hell,
es Früahmeßglöckle mit Gschell;
des hots pressant, des gilft ond schrillt
wia alte Jongfer, wenn se schilt,
ganz hell ond schnell,
    ganz hell ond schnell.

Ond bald konnt übern Necker rom
vo'r Egner Kirch e' Glocke'gsomm;
des gilt dr oagene' Adreß:
»Auf, auf, ihr ›Gspähn‹, s ist Zeit en d Meß!
Drom, Frommer, komm!
    Drom, Frommer, komm!«

Ond noh, daß neamed s Amt versoom,
goht zmol en aosrem Necker-Rom
e' gottsallmächtigs Läute' laos
mit älle Glocke', klei' ond graoß,
wia z Rom, vom Dom,
    wia z Rom, vom Dom.

Egne' = Ehingen, der jenseits des Neckars liegende Stadtteil, dessen Bewohnern der Übername ›Gspähn‹ (Spatzen) anhaftet.

Ganz zletzte' rüaft mit Bimbambom
noh s ander Evangeliom;
uf dia Weis haört dr liabe Gott,
daß ao noh ebbes ›Höanlen‹ hot,
mo grad so fromm send, grad so fromm –
nao' andersrom.

E' Schei'heiliger

I frog me, morom
tuat seller so fromm?
»Des leuchtet doch ei':
noh braucht rs et sei'.«

Höanlen (Hörnlein) = Spitzname für die Evangelischen, nach den drei Hirschstangen im Wappen des protestantischen Alt-Württemberg.

Reacht wüast ist ao schö' . . .

1
Deescht e'-n ›Intellektueller‹,
ond weil jönger, dorom heller
als wia Leut vo' aosrer Art.
Wenn r et en Christusbart,
übers Gnick ra Schnittlauchlocke',
Hosefranse' raote Socke'
ond e' dreckets Hemmed hett –
  a'seah tät ma's et.

2
D Auge' gmolet, s Maul frisch gstriche'
ond frisiert wia d Hex vo' Rom,
z eng dr ›Pulli‹ ond verbliche',
Hose' mit verrissnem Soom;
Läus em Hoor statt raote Mäsche'
ond seit vierzeahtag et gwäsche' –
deescht bei Mädlen Mode heut.
Wüßt ma'-n-et, daß oft dia Krampe'
Töchtre' send vo' reachte Leut,
  tät ma' sage': Schlampe'.

Wochemärkt

Guate' Morge', Frau Direkter!
– Ei, grüß Gott, Frau Sekretär!
Ao scho' auf, Frau Postenspekter?
– So, Frau Stadtrat, hend Se schwer?
D Frau Notar ist ao scho' monter . . .? –
Ond d Frau Ober- ond d Frau Onter-
Oberamtsgerichtskanzlist
hend e' Gschnader ond e' Gschetter,
daß e' Ga's- ond Hennegätter
heller Dreck degege'-n-ist.

Ond mit broate Hentertoal
hocket d Baureleut vom Land
bhäb wia d Häsläus ufenand
ond hend Oar ond Butter foal.
Ond ma' ka' vor Säck ond Krätte'
kaum maih uf de' Bode' trette',
ond vor lauter Obst ond Gmüas
bricht ma' beinoh d Füaß.

Älles, älles, ka' ma' hao':
Zuckerbire', Goldpermener –
»Gucket Se, s ist oaner schöner
als dr ander, liabe Frau!« –
Rätich, Blookraut, Bohnekrättlen,
Zwieble', Karfiol, Karöttlen,
Zellriewuuzle', Schnittlauchstöck . . .
Ond de' Wirscheng ond Andife
ziaget d Gä's schao' dur de' Dreck.

Iatz d Frau Deng, e' bsonders wife
(älles ist re' z klei' ond z reng),
handlet noh beim Peterleng
vo' drei Pfennig zwee eweg.
Andre wied hend jonge Göckel,
maste Kerlen, feste Bröckel,
oder Geite' oder Gä's,
ond des Ziefer streckt de' Möckel
hofreacht raus zom Krattedeckel.
Waatet nao, ihr domme Bachel,
wenn er en dr Broteskachel
pfuzget, noh vergoht ui des!

Ond d Frau Dokter ond Frau Rekter,
d Frau Verwalter, d Frau Enspekter
ond d Frau Oberamtsgrichtsrat
hend e' Gschetter ond Gsalbader,
ond en Lebtag ond e Gschnader
om e' Häuptle Kopfsalat
– ach, mr ist ja soo nerfös –
wia ses ghaöt für bessre Gä's.

So isch noh au wieder . . .

Gestert, wia-n-e do so sirmle
uf meim Bä'kle, dob am Wald,
sieh-n-e zmol e' Sonneschirmle
en de Tanne' ond e Gstalt.

Glei druf tuats en Schrei, en süaße':
»Karl, e' Rehle! O wia nett!
Nei', wie kann mr so was schiaße',
so was ›Goldigs‹ i könnts et . . .«

Obeds – i hao' s schao' vergesse' –
gang e wieder mol ens ›Lamm‹,
wer hockt do ond bstellt sei' Esse?
Seller Karl ond sei' Madam.

»No nix Fetts, sonst muß e's büaße' –
Fräulein, send dia Ripple' fett?«
Aber sie mit ihrem süaße'
Stemmle bstellt – e' Rehkotlett.

Gschwätz

De' halbe' Morge' sieh-n-e schao'
dia drui selt bei enander staoh'.
Se kommet scheints vo' sellem Eck
vor lauter baatsche' nemme weg.

. . . Des, sait de Oa', des geab en Krach,
narr, d Spatze' pfeife-s schao' vom Dach,
ond s schwätze älle Leut dra' na' –
sie häbs vo' ihrem Tochterma',
ond seller häbs vo' seire'
Groaßmuater ihre Schwiegerleut,
ond deane häbs e' Vetter gsait,
ond dear häbs sage' haöre' . . .

De Ander zuht am gleiche' Tromm:
des sei' koa' Wonder, wenns so komm,
so ebbes nemm sein gweiste' Gang,
des täar koan guat, sie sags schao' lang.
Do komm se a' de lätz Adreß,
sie wöll nao seah', was des noh gäb,
ma' sag et zom e' Küahle Bleß,
wenns et e' Steanle häb . . .

So lupfet se dr Dritte' d Zong,
dia giefet laos: Dia Krott, dia jong!
De Alt sei schao' koa' Reachte gsei',
ond s Kälble schla halt noch dr Kuah.
Se guck deam Deng schao' Weile zua,
iatz aber sag se gar nonz maih,
sust komm se noh en ebbes nei' . . .

So goht des Deng ond nemmt koa' End.
Mit Maul ond Ärm ond äll zwee Händ
wuud diesemet ond gschwätzt ond baatscht
ond ausgriicht, goschet, gschempft ond graatscht
ond zemmegloge', wa noh fehlt . . .
Ond wean se en dr Barre hend,
desell ist büüst ond gstrählt!

Zigeuner

Zigeuner kommet! Des hot gfehlt!
Iatz semmer aber büüst ond gstrählt . . .
Se fahret schao' de' Flecke rei' –
tend s Sach eweg, s wuud besser sei',
s kött ebbes leicht verschwende' –
dia hend en Schick em »Fende« . . .

Mit Kend ond Kegel, Hab ond Guat
gutschiert se s Sträßle ruf, dia Bruat:
koan ganze' Schuah, koan heile' Rock,
e' Düftle om se trotz me' Bock,
ond d Kender halbe' näckig
ond barefuaß ond dreckig.

E' Gäule hend se, spendeldürr,
des hanget nao so dren Gschirr,
ond en deam Karre, liabe Zeit,
wenn do dr Dreck et Juhe schreit!
Ond dronter lauft e' weißer,
halbräudiger Bullebeißer.

Ond eest sell schlampig Weiberchor
mit Aohrereng ond Schmotz em Hoor,
mit alte Schirm ond Fältlesröck!
Se schiaket dur de'-n-ärgste' Dreck,
ond oane trait, ui jegerle,
e Kendle, schwaaz wia Negerle!

So fahret se de' Flecke nuf
ond wirblet ganze Wolke' uf,
ond send se noh am Omrank dob,
noh schnauft ma'-n-uf ond sait: gottlob!
Ond d Buabe schreiet nore:
Zigeuner, Zigeuner, Zigore . . .

Dr Kunde

Vom Frühjohr bis en Spotherbst nei'
do loht r s Schaffe' Schaffe' sei,
do putzt r et viel Klenke',
do schwitisiert r omenand
vom Schwaazwald bis ens Onterland
ond trait en haoh, de' Zenke'.

Ond mo-n-ems gfällt, do macht r Halt,
oft leit r stondelang am Wald
ond schloft ond loht se sonne'.
Ehm lauft jo d Arbet et devo',
ond s wär en seim Fall sowiaso
mit Hudle' et viel gwonne'.

So klopft dear Donder d Landstroß a
ond gucket stolz uf d Baure' ra;
verkonnt em oar, deam geit r
koa' »Grüaßgott« ond koa' »Bhüatdegott«,
weil ears em Sommer et naötig hot,
r pfeift ond dipplet weiter.

Em Wenter, waat, du Schendersknoch,
do pfeifts wied aus me'-n-andre' Loch,
do kennst du wieder d Baure'!
Do bist om jedes Süpple fraoh –
i sieh de heut schao' dusse' staoh'
verhongret ond verfraore' . . .

Bis selt na', denkt r, isch noh weit! –
Solangs et renget ond et schneit,
do hot r s Herreleabe'.
Nao oas, sait oaser Vagebond:
Landjäger, Duust ond baöse Hond,
dia Landplog sotts et geabe'!

Vom Reise'

Nachtrag zum Staufer-Jahr 1977

Se fahret en dr Weltgschiicht rom
en ihrem Reiserappel
vo' Portugal bis Usedom,
vo' Prag bis uf Neapel.

Se kennet älls: d Akropolis,
d Alhambra, d Riviera,
de' Kreml, s Nordkap ond Paris
ond s Goldne Hoan bei Pera.

Se wend dur fufzg Musee' gschleppt
vom Dali bis zom Dschotto,
ond übral wend se ghörig gneppt
vom Borschtsch bis zum Risotto.

Ond s Esse' schmeckt noch woaß-et-was
ond nemmt ne' s Appetitle,
se kriaget Hoamwaih bei deam Fraß
noch ihrem Spätzlesbrittle.

Ond wemma' Landsleut trifft beim Wei',
noh sengt ma' deutsche Liader:
moroms so schö' sei donn am Rhei' –
do glotzet se, dia Brüader!

Dschoddo = der Maler Giotto

Se brenget Dias mit ond Krom:
vom Ätna bißle Lafa,
en gweihte' Rosekranz vo' Rom
ond Flaöh vo'r Costa Brafa.

Mir will des Deng et aus em Senn,
i frog drom so e' Männdle,
obs ao de' Hohestaufe' kenn,
de' Stolz vo' aosrem Ländle?

»Ond ob! s wär jo e' Schand ond Spott«,
hots gsait, »i hao' doch Aohre':
dr F. C. Hohestaufe' hot
doch eins zo drei verlaore'.«

Vom Wetter

Mei' Nochber hot seine Mucke',
r ghaöt zu re' bsondere' Raß:
wenn d Sonn scheint, noh brommt r, s sei z trucke',
wenns renget, noh fluacht r, s sei z naß.

Wenns luftet, noh befzt r, s sei z wendig,
wenns wendstill ist, schempft r, s sei z schwül,
ond stoht s Barometer uf »bständig«,
noh maozt r: wär besser, wenns fiel.

Ond daoret e Wetter, noh grillt r:
s sei älles he', d Fruucht ond s Obst ao!
Verzuht ses noh wieder, noh schilt r:
s hett wohl könne' falle' lao' . . .

So bruttlet ond bräaglet dear Donder
s ganz Johr fott en oare' Tuhr,
ond hot doch em Herbst – s ist e Wonder! –
bis obenuf Sach en dr Schur.

Dr Petrus kennt en, dean Sender,
ond lachet ob seine Güh:
»Vo' mir aus machst du de' Kalender,
aber s Wetter, Bauer, mach i!«

Dr Schäfer

En schwaaze' Schäferskittel a',
e' Schipp, daß r sich hebe' ka'.

En Schlapphut uf, en Reng em Aohr,
de' Messergriff em Stiefelraohr.

So stoht r onter seine Schof
ond regt se et, ma' moat, r schlof.

r naget a'me' Grashalm ond
pfeift dronternei' emol seim Hond.

So still isch, wenn dersell et bellt,
als sei sust neamed uf dr Welt,

nao ear, dr Schäfer, ganz alloa'
mit Wolke', Schof ond Gras ond Stoa' . . .

Uf em Zürisee

E’ Rondfahrt obeds uf em Zürisee,
am Tisch e’ Jonge mit me’-n-alte’ Deppe’.
Dear sait: mit ihre’ seis nohmól so schö’,
   ond s Maidli sait: »Jo ebbe’.«

r komm se vor wia nohmol siebezehne:
dr Mo’ em See, dia Berg ond d Luft so loo,
des sei wia na’griicht für e’ Liabesszene . . .
   Druf s Maidli: »Ebbe’ jo.«

r bstellt en Wei’. »Herr Ober, ist des ›mit‹?« –
»So drom!« – Ma’ laß se, sait r, et gearn neppe’,
ond sei ma’ noh so nobel ond splendid.
   Ond s Maidli sait: »Jo ebbe’.«

Ond ob se ao en Freund häb, will r wisse’,
wia alt r sei ond wia ond was ond mo?
Mit so me’ Jonge’ sei ma’ ehnder bschisse’ . . .
   Druf s Maidli: »Ebbe’ jo.«

Do wär se mit me’-n-Alte’ besser gstellt,
Verspreche’ seie dönn wia Spennewebbe’,
ond d Liabe, wenn se gscheit sei, gang noch Geld . . .
   Ond s Maidli sait: »Jo ebbe’.«

Se soll ses mit desellem überlege',
bei ehm zom Beispiel sei ao ebbes do,
ond mit em Bett komm ganz vo' selber s Möge' . . .
  Druf s Maidli: »Ebbe' jo.«

r lupft sei' Glas ond sait, s häb viel zviel Leut,
r tät re' sust en Kuß ufs Göschle päppe' –
»i hoff, daß dees sich uf em Hoamweg geit . . .«
  Ond s Maidli sait: »Jo ebbe'.«

Vo' dr Pille

I be' für d Pille! s konnt mr vor,
dia Welt wear dömmer Johr für Johr –
so könns doch nemme weiter gaoh' . . . –
Dr Ander sait: »Des bstreit i et,
wär besser, wenn dei' Muater schao'
dia Pille gnomme' hett.«

Alte Storre'

Wia ists do hobe' weit ond hell:
selt dübe' uf em Berg d Kapell,
dr Necker en de Wiese' donn
ond d Albberg en dr Morgesonn.

Ond do, am gähe' Stoabruchrand,
was flattret do denn omenand?
E' Schwalbeschwanz – daß dees no geit!
Do hobe' loht se d Zeit noh Zeit.

s ist älles no wia sellemol,
mo mir mit Pfeil ond Luftpistol
em Wäldle als Old-Shatterhand
ond Winnetou uf Kondschaft send.

Ond wia-n-e vor me na'sennier,
do haör e zmol bhäb henter mir
em Wäldle Axthieb ond e' Säag,
ond glei druf leit e' Tann em Weag.

Mir geits en Stich bei jedem Schlag.
Ond i stand uf, gang nom ond sag:
»Dia schöne Tanne', keezegrad!
Muaß dees denn sei'? s ist Send ond Schad.«

»Jo«, sait en Alter, »dees muaß sei',
dia Storre' gehnd jo doch bald ei',
de jonge Tännlen brauchet Platz.«
Ond schao' tuats wieder ritz ond ratz . . .

Do be'-n-e still ond gang mein Weag,
haör aber lang no selle Säag
ond länger noh deam Ma' sein Satz:
»s muaß sei', de Jonge brauchet Platz.«

Am Haohzigstag

»Was ist en *di* nei' gfahre', sag:
am helle' Weatig Kuache' bache'!« –
»Ja, därf i denn am Haohzigstag
meim Ma' koa' Freud maih mache'?« –

»Was, Haohzigstag? I taube Nuß
hett könne' selber ao dra' de'ke' . . .« –
»Gang, gib mr wenigstens en Kuß,
noh muaßt nonz anders sche'ke'.«

r geit re' oan, dear macht re' hoaß,
se spitzt es Maul wia noch Zibebe',
ganz selig ist se, weil se woaß:
dear muaß e' Johr lang hebe' . . .

Juli

S ist et ganz sauber, s sticht so d Sonn,
ond s zittret so dia Blätter,
ond d Schwalbe fliaget so weit honn,
i glaub, es konnt e' Wetter . . .

Koa' Wonder, so e' Beckehitz
hot müasse'-n-ebbes brenge'.
Do! hend-rs gseah: ganz blo, e' Blitz!
Ond do – schao' fangts a' renge'.

Ond noh brichts laos: s tuat Schlag uf Schlag,
s verreißt oam schiergär d Aohre',
ma' moa't, iatz komm dr Jöngste Tag
mit Blitze'-n-ond mit Daore'.

Des krachet, zuckt ond schleecht gaoh ei'
ond schüttet wia mit Kübel –
s hot könne' et viel ärger sei'
ber Sentflut en dr Bibel.

Ond grad so schnell, wias komme'n-ist,
so hot ses wied verzoge',
dr Hemmel ist wied sauber gwischt
ond hot en Reageboge'.

Sommer

Dr Hemmel ist ganz haoh ond blo,
ond d Fruucht stoht uf em Halm goldgeal,
ond d Albberg send zom Greife' noh,
ond d Stroße' weiß wia Meahl.

Des Wetter konnt de Leut wia bstellt;
koa' Wendle goht, koa' Vogel pfeift,
d Luft zittret übrem Ährefeld –
ma' moat, ma' seah', wias reift . . .

Uf älle Felder schaffet Leut,
bei sottem Wetter geits e Stuck:
ma' rechet, bendet oder schneidt
ond loht bis z Naacht et luck.

Em Feldweag lauft e' schwaaze Gstalt,
nao Huat ond Anke' gucket für:
descht s Haierle, s goht nuf en Wald
ond bettet em Brevier . . .

Beim Feldkreuz

Wia isch do hobe' schö' ond still!
Kaum schreit e' Grabb, kaum ripst e' Grill.

Selt donn dr Bach ond s Oat ond d Leut,
ond s Tal so eng ond d Welt so weit.

Ällsomer Wald ond Fruucht ond Gras,
ond d Alb blitzblo ond d Luft wia Glas.

Ond wenn dr Wend durs Koanfeld lauft,
noh isch, wia wenn dr Herrgott schnauft.

Und d Weag gehnd äll en Hemmel nei',
ma' moa't, s könn kaum paar Schritt nuf sei'.

s ist ebbes dra': do hobe', guck,
do bist em näher om e Stuck.

E’ Wonder

»Gang, Büable, hol en Zehner Bier,
i schneid derweil de’ Rätig,
bei deare Hitz verschmacht e schier –
bis d konnst, ists Vesper feetig.«

D Lammwiite sait: »Gibs Krüagle her!«
ond lohts am Hahne’ schomme’.
Ond d Wiitschaft ist noh lotterleer –
wer wuud ao iatz schao’ komme’?

Dr oa’zig Gast am Tisch em Eck
hot Duust – ma’ haörts am Zische’ –
ond kaum ist so e’ Schoppe’ weg,
noh bstellt r glei en frische’.

Ond sengt ond sengt aus volem Hals
oa’ Liadle noch em andre’,
r sengt vom ›Jäger aus Kurpfalz‹,
vom ›Rehlein‹ ond vom ›Wandre’‹.

r seng, sait d Wiite, schao’ e’ Stond,
sei’ Bierglas bhäb deneabe’,
ond sag, r häb koan bsondre’ Grond,
nao Duust ond Freud am Leabe’.

»Iatz, Büable, lauf! sotts ebbes gea’,
ond will dei’ Muater schelte’,
noh saist, de’ häbst en Zfriedne’ gseah’,
ond Wonder seie selte’.«

Kleine Ballade

Koa' Schuuz, koa' Rock ist vor em sicher gsei'.
Iatz ist r taot. Ond trotz em Leicheschei'
hot s Weib deam Schwerenöter noh et traut –
ma' woaß jo nia bei so re' leichte' Haut . . .
Des Grab muaß nohmol uf! Se geit koa' Ruah.
Ma' tuats, se stoht debei ond gucket zua.
Ma' fendt de' Sarg, zwoa Meter tiaf o'gefähr,
ond lupft de' Deckel: Do! Dr Sarg ist leer!
Nao uf em Bode' leit e' Blatt Papier,
ond dodruff stoht – de Alt verzwazzlet schier:
»I be' drui Gräber weiter
beim Fräule Seiter.«

Noch em Reage'

S tröpflet vo' de Bööm ond Blätter,
d Wiese' glitzget frisch ond naß,
blitzblo stoht dr Obedhemmel
en de Lache' uf dr Gaß.

Kapezener, Wende', Bohne'
riichtet ihre' Bluast wied uf,
d Mucke' geiget, d Beene' somset,
ond dr Kemmigrauch goht nuf.

Dob em Behnelädlesfeaster
moa't ma' brenns, so fuirig raot
fonklets, ond en Pfarrers Gaate'
schleecht en Amsel überlaut.

Dur de'ganze' Flecke' denglets;
überal wuud d Seages griicht:
moane' morge' gohts ge heue',
s Wetter kriagt en anders Gsiicht.

E’ Dischbutt

Am Gaatezau’. D Frau Deng führt ihre’
jongs Bäschgerle verbei spaziere’.
Se sait Grüaßgott! Dr Ma’ em Gaate’
bäfft wüatig raus: »He! halt! gschwend waate!
Ihr Sauhond setzt mir schao’ seit Tage’
en Haufe’ vor mein Gaatezau’ –
was tätet Sie, Frau Deng, wohl sage’,
tät i vor Ihrem Haus des ao?« –

»O«, sait se, »deescht e’ Kleinigkeit,
ond doderweage’ brauchts koan Streit:
nao et schenant, des därfet Sie –
i wohn vom Rothaus wisawih.«

August

S Barometer stoht uf »bständig«,
d Sonn brennt donderschlächtig hoaß,
d Auge tend oam waih vor Helle,
ond ma' trialet ganz vor Schwoaß.

s Städtle doßlet ganz verschlofe',
weit ond broat koa' Menscheseel . . .
Ond en älle Gasse' stenkts noch
Karresalb und Bremse'-n-öl.

Nonzu verregt se uf em Märkplatz,
überal send d Läde' zua,
s Wasser pflätschret aus em Bronne' –
descht e Stille, descht e Ruah!

D Mucke' somset, faul ond meahlig
gähnet en dr Tür dr Beck,
zmol mit Garre', Hüh! ond Knelle'
konnt e' Garbewag oms Eck . . .

Em Urlaub

Ma' möcht em Urlaub weit, weit fott,
mos möglichst wenig Landsleut hot,
möcht nonz maih seah' ond wisse'
vom Gschäft, vo' Kräch, vo'r Boletik,
mit oam Woat gsait, ma' hot en Pik
uf älls, weil älles bschisse'.

Probiers ond reis woaß Gott wia weit,
noh hockest onter fremde Leut
ond tätst am liabste' bleibe' –
bis d merkst: des Gschmäckle vo' dehoam,
des haftet jo wia Schreinerloam
ond loht se et vertreibe'.

Bei ällem, was – no siadighoaß –
dr Rondfonk brengt ond s Blättle woaß,
möchtst hoam zom helfe' blose';
de' host en Ao'muaß en dr denn,
als hettest wonderwas em Senn
ond Klemmer en de Hose'.

Am End ists Hoamwaih, Jomer? – Noa'!
mit Hoamwaih hot des et viel z toa';
nao' daß se oagemächtig
dehoam mit ihre graoße Güh
Dommheite' machet aohne di –
des schlaucht de donderschlächtig.

Aoser alter Felle

I sieh-n- noh heut, wia-n-r äls seim Bease'
aos Buabe' em Schualhof ist hentedrei'.
I haör en noh heut aos d Levit verlease':
»Ond sottige Buuscht wend Lateiner sei'!«

Dr guat alt Felle! I haör en noh ganz,
sein leirige', laute' Fro'leichnamstagsto',
mit deam r de' glorreiche' Rosekranz
aos vorbettet hot bei dr Prozessio':
»Grüßt seist du, Maria . . . dir will e goah lache',
nohmol wenn e-s sieh, noh kriagst oane bache' . . .
Dr Herr ist mit dir . . . du Lausbua, waat noh . . .«

Was hemmerm für Tück tao', was hemmerm für Posse',
was hemmer deam Ma' für Schabernack gspielt:
em Schualhaus hemmer mit Käpselen gschosse',
mit Tente' seine Schnittlauchstöck gosse',
mit Dreckbolle' noch seine Hemmeder zielt.
Ond oamol hemmern en Keller na gschlosse',
ond Niaspulver onter sein Schupftabak gstreut.
Hot *dear* Ma' gscholte', hot *dear* Ma' gnosse'!
Je ärger r tao' hat, je maih hots aos gfreut.

Mir brenge-n noh vor dr Zeit onter de' Bode'
mit aosere Ao'förm ond Lausbuabestreich.
r häb sowiaso en kuuze'-n-Ode' –
ond helinge' hot r se gfreut uf sei' Leich:

Felle = Bezeichnung des Hausmeisters in manchen Gymnasien Württembergs (wohl von Valentin).

Wear des emol schö' sei': glei henter em Sarg
dr Rekter, noh ganz verdattret;
dehenterdrei' d Lehrer – ao deane seis arg –
ond oar devo' trag – r verlupf se ganz –
»im Namen der Schule« en Lorbeerkranz;
dear koste, wenig gsait, fei'fezwanzg Mark –
dr Schloaf noch, mo a'-n-ehm flattret.

Noh komme henter dr Schualfah' drei'
dr Graöße noch d Schüaler, zu zwei ond zwei,
bis nuf zu de öberste Klasse',
so brav – r täts uf seim Holzwollebett
zom eestemol lobe', wenn rs noh kö'tt. –
So gangs dur d Stroße' ond d Gasse'.

Dr Rekter halt em e' Red am Grab,
dr Schüalerchor seng, ond Kränz leg ma' na',
ond älle mitnand gangs am Heule' rab.
Ond zletzte' schwenk ma' noh d Fah' . . .

So hot r ses ausde'kt, so hot r ses gmolet.
Wia hot se dr Felle gfreut uf dean Glanz!
Do hot en dr Taod ganz aoverdanks gholet
– grad mittle'-n-en dr Vakanz.

Dr Kurgast

Em Sommer ist noch Niedernau
äll Johr e' Kurgast komme',
e' noble Dam, e' bessre Frau,
ond hot selt Bäder gnomme'.

Em Chaisle ist se rond ond fett
äll Tag spaziere' gfahre' –
morom au et? se hots jo ghett
ond hot et müasse' spare'.

Se sitzt em Polster steif wia Dock
ond loht Brillante' glitze',
se hot sogar am Onterrock
noh Falbele' ond Spitze'.

Ond s Personal bugsiert se rom
mit He! ond Fengerschnalze':
mol ist e' Gabelzenke' kromm,
noh wieder d Supp versalze'.

Ond wia se schwätzt! o heidenei',
des ka'-n-e gar et schildre':
des tuat so nobel ond so fei'
wias Hochdeutsch vo' de Fildre'.

Ond wer et ›Frau Tirekter‹ sait,
zwanzgmol am Tag, beim Grüaße',
dean loht ses voler Schadefreud
am Trenkgeld bitter büaße'.

Vo' ihre' haört ma' nia' en To',
moher se-n hot, dean Titel,
moher se hot dia groaß Pensio' . . .
ond descht e' nuis Kapitel:

No jo, se ist halt Denstmagd gsei'
ond hot me' reiche'-n alte'
Direkter vo' re' Brauerei
sei' Haus en Oadnong ghalte'.

Se hot em kochet, hot en pflegt
ond nia 'd Geduld verlaore',
ond sich als Bettfläsch zua-n-em glegt –
au, wenns en gar et gfraore'.

Ond schliaßlich hot se-n soweit ghett,
mona' se lang schao' gsteuret:
r hot se uf em Taotebett
am End sogar noh gheiret . . .

Ond dorom fährt se wia e' Protz
seit sellem graoße' Rutscher
durs Bad, als sei se d Gräfin Rotz,
zwoaspännig ond mit Gutscher.

E’ heikle Frog

Oft tappet ao e’ gscheiter Ma’
beim Heire’ an e’ Gä’sle na’ –
ma’ kennt ja dutzedweis so Fäll.
Wär aoseroas a’ seire’ Stell,
ond s käm des Thema ufs Tapet,
noh wüßt e, was e sage’ tät:
»Zo was brauch i e’ gscheite Frau?
Hauptsach, se ma’g me ond ist schö’;
was i em Oberstüble hao’,
des langet guat für zwee.«

Matthäus 16,24

Tät se koar degege’ stemme’,
tät e’ jeder, wa-n-r muaß
ond sei’ Kreuz halt uf se nemme’ –
liefet wenig Weiber z Fuaß.

Epheser 5, 28

Was soll des Gschwätz, i mög de nemme,
i gäb dr koa' schö's Wöatle maih
ond sag au et: komm, Mädle, nemm me
en Arm! – Sei *dees* denn noh en Aih?

Bist still ond mach mr koane Faxe':
vierzg Johr send mir verheiret, Weib,
do ist ma' mitenand verwachse',
ond ist oa' Heaz ond Seel ond Leib.

Des Gschleck – wer kö'tts denn noh vertrage',
mo du und i de gleich Perso'?
Des hieß jo zo mir selber sage':
  i ma'g de noh!

September

Dr Mo' konnt ruf, ganz fuirig raot,
ond Neabel hanget en de Büsch.
Wias herbstelet! s tät beinoh naot,
ma' brenn schao' wieder ei', so frisch
isch obneds em September.

Ond zwische' Tag ond Siehst-nix-maih
gehnd d Kender mit de La'pio',
ond lang, lang garret d Fuhrwerk noh,
wenns donkel ist, vom Acker rei'
mit Rüabe'-n-ond Burgonder.

Ond noh wuuds mäuslesstill; dr Mo'
schlupft henter d Bööm ond s Schuredach,
ond neaneds ist maih ebber wach –
nao en dr Kelter romplets noh
vo' Kübel ond vo' Gelte' . . .

Naachts

Om de Neune gehnd em Flecke'
d Liachter nochenander aus,
d Naacht schlupft aus de feistre Ecke'
hehlinge' uf d Gasse naus.

Ond mit ihrer schwaaze' Haube'
deckt se dusma' älles zua.
Aus de Ställ raus haöt ma' schnaube'
ond es Muhe' vo're Kuah.

Taused Steane' loht se fonkle',
aber neamed siehts em Oat . . .
iatz hend d Liabespaar em Donkle',
d Katze' ond dr Naachtkrabb s Woat.

Gmach fangt s Kirchedach a' glitze',
ond dr Mo' stoht keezegrad
ob de haögste Tannespitze' –
geal ond graoß wia Wagerad . . .

Mir selber zom Geburtstag

Will mei' Bächle bald verlechne'?
Machts e' Weile no sein Weg?
Soll e mitenand verrechne'
guate Täg ond baöse Täg?

Soll e ›Jo‹ ond ›Dankschö'‹ sage'
oder über manche' Buff,
mo-n-e kriagt hao', mi beklage'?
Goht em ganze' d Rechnong uf?

Möcht e s anders ond verschiede',
wenn e s nohmol z machet hett?
Seis wias wöll, i be' jo zfriede' –
aber nohmol? Liaber et . . .

Vom Teufel

»Dr Teufel? Deescht doch Firlefanz!
Vo' mir aus hot r Hoan ond Schwanz
ond ka'-n r schwaaz sei' oder grea' –
i hao' noh nia' de' Teufel gseah'.«

Dr Ander sait: »Ghei s Beil et zweit,
mei' Woat druf, daß de' Teufel geit!
Daß du-n et gseah' host, sell ka' sei' –
wer sieht schao' en se selber nei'?«

Vorschlag zur Güate

Laß, wa wemmer aos verstreite',
en dr Hauptsach semmer einig:
s hot halt jedes Deng zwee Seite',
s geit de falsch ond s geit de meinig.

In der Vorstellung des Volks erscheint der Teufel oft als grüngekleideter Jäger mit Bocksfüßen.

Ent- oder weder

»I möcht nao' wisse', was dean so scheniert,
als sitz em dr Teufel em Gnick.« –
»Des sieht ma'-m doch a' uf de'-n eeste Blick.
entweder ist Ehm en Aoglück passiert
– oder seim Nochber e' Glück.«

Vom Reichsei'

s Reichsei' hoaßet se e' Schand,
ond wer häb, deam müaß ma' nemme' . . .
Aber älle mitenand
möchtet gearn se ao so schemme'.

Vom Karle Hank

Dr Karle Hank, sell ist oar gsei',
sotte geits heut koane maih.

Hot ma' früher ebbnets gheiret,
täufet, ta'zet, Kirbe gfeiret
oder sust e' Festerei,
no host Gift druf nemme' könne',
überal demittledenne'
ist dr Hanke-Karle gsei'.

Des sei, so hot r gsait,
sei' Pflicht ond Schuldigkeit
als Christ
ond Zenkenist.

Älls was reacht ist, wenn r ao
nia koa' Lust zom Schaffe' ghet hot,
aber öfters, als ma' sott,
dodefür en Affe' ghet hot –
ufgspielt hot r flott,
sell muaß ao dr Feind em lao'!

Heut noh haör-e s Klarinettle,
heut noh siehn-en, wia-n-r schwitzt,
wia-n-r hentrem Noteblättle
noch de jonge Mädlen spitzt.

Karle, Karle, laß des goah',
neamed ka' beim Flötlesspiele'
ao noh noch de Mädlen schiele',
sust ist glei daneabe' griffe'
ond de' muaßt dr sage' lao':
gfengerlet ist et pfiffe'!

Oamol hot r gspielt wia bsesse',
Polka, Schottisch, wia de's hao' witt,
ond vor lauter Laß-me-ao-mit
hot r s Trenke' schier vergesse'.
Herr, wia hend dia Füaß sich gregt,
ond dia Röck de' Bode gfegt!
So e' Musek loht ma' gelte',
sotte Triller haört ma' selte',
dorom hend se, wia ses ghaört,
ao de' Musikante' gaehrt:
do e' Viertele, doot en Schoppe',
selt e' Gläsle, do en Schluck!
Karle, laß de nao et foppe',
weis mr nao dean Wei' et zruck!

Do kennst de' Hanke-Karle schleacht,
so paßt ems ond so ist ems reacht.

Aber älls mit Maß ond Ziel;
schätzwohl, noch me' guate' Dutzed
Viertelen hot r s Maul aputzet,
ond ma' merkt, iatz wuuds em z viel.

O wia des de' Karle gheit,
daß r et noh maih vertrait!
»Karle, komm doch, noh dean Stompe'
Karle, laß de doch et lompe' . . .«

Dodruf ka'-n-r nao noh sa:
»O des ist e' baöse Klemme,
o ihr Herre', i ka' nemme –
schüttets über me na!«

D Lützehardter

Mancher schleecht en seire' Art
selle noch vo' Lützehardt:
Wenn s uf d Freudestadt nei' goht,
gheit ma d Epfelschelfe' weg,
ond beim Hoamgaoh' obeds spot
liest ma's wieder aus em Dreck.

Feierobed

Leis verhaalet s Obedläute',
ond dr Tag mit seire' Hatz
legt es Gschäft ond s Gschirr uf d Seite',
macht em Feierobed Platz.

Ond ma' hocket noh e Ständle
uf dr Gaß duß vor em Haus
mit de Nochber uf em Schrändle,
macht en Schwätz und gruabet aus.

Hots vo' deam ond hots vo' sellem,
was halt so em Städtle geit:
s Gschäft ond s Wetter ond vor ällem
schwätzt ma' bißle über d Leut.

Ond ma' hocket bis dr Globe'
nemme zuht ond nemme brennt,
ond am Obedhemmel dobe'
d Naacht de'n-eeste' Stean a'zendt.

Oktober

Dr Neabel fällt ond d Sonn schlupft raus,
beim Schnaufe' geits en Hauch,
ond s Gwülk am Hemmel dob sieht aus
wia Dubakspfeiferauch.

Ond d Schlaihe' a' de Büsch send blo
ond d Hägebutze' raot,
ond uf em Feld stoht hia ond do
noh ebbes Köhl ond Kraut.

Ond uf de Obstbööm gilbet s Laub,
ond mo frisch gackret ist,
do schmeckt dr Bode' – mit Verlaub –
noch Gülle'n-ond noch Mist.

Ein Wiedersehen

»Ja was! Bist dus? host du noh kennt
dein Jugedfreund, dein alte'?
Wia goht drs denn? Mei' Komplement,
du host de prima ghalte'.

Wia, laß de seah': bist noh de gleich – . . .
Awa! paar grooe Fäde',
do – i gang meine Hoor zur Leich,
des send halt Altersschäde'.«

r de'kt debei: daß i für schö'
ond gattig dia mol gnomme',
dia Bompel mit deam Doppelkee,
ond s dritt Kee schao' em Komme'!

Seit domals, moan-e, sei se ao
e' bißle dömmer wore' . . .
Ka' sei', se hots et merke' lao'
ond ist schao' so gebore' . . .

Ond sie, sie mustret sei' Figur,
sein Bauch, sei' Glatze, d Falte'
ond fendt vo' sellem et e' Spur,
für dean se-n früher ghalte'.

Ond dear hot mir vom Hemmel ra
mol d Steane wölle' holle!
Ond wia hot mi dear Maidia
a'dichtet, schö' ond gschwolle' . . .!

»Ond woaßt noh dees, ond woaßt noh sell?«
s goht älles konterbonter,
ond zmol scheint d Sonn nohmól so hell,
ond d Gegewaart goht onter.

Ond jedes lupft em andre' d Zong,
se nemmet se beim Händle;
se wend mitnander nohmol jong
ond schö' – e' Viertelstöndle . . .

»Iatz aber«, sait r, »muaß e gaoh';
i hao's so en de Glieder,
i muaß me ontersuache' lao' –
ond zeig de ao mol wieder.«

Ond sie sait: »So? Noh semmer quitt,
mir ausranschierte Gsteller,
bei mir ists s Heaz, s tuat nemme mit –
nao' iatz grad klopfets schneller . . .«

Dr Florian

Woaßt noh, wia mrs gefonde' hend?
Uf dr Behne ist dr Seage'
eme'-n-alte' Kratte' gleage' –
Stucker vier, noh halbe' blend.

Raot ond gro ond schwaaz ond gstromt,
jedes anderst, wia uf Bstelleng –
aoser Mull hot scheints koan Rälleng
aus dr Nochberschaft versomt.

Drui devo' hot d Magd versäuft.
Nao sell raot hot därfe' leabe',
ond weil älle gsait hend, s geab e
Rällerle, hemmers »Flore« täuft.

En dr Kenderlehr hots bald
gleanet, wia ma' schnurret, barret
ond sei' Häufle schö' verscharret
ond sich putzet wia de Alt.

Später hots en Rälleng ge'a:
raot ond dick ond älltag frecher,
nia noh hot ma'-n-uf de Dächer
so en schöne' laufe' seah'.

Schwaazbrot hot em et arg gschmeckt –
aber Brotes, Speck ond Schonke'!
Plotzmilch hot r ao et tronke' –
aber Rahm, sell hot r gschleckt.

Gmauset? Jo, des hot r ao:
d Brotwüüst aus em Kuchekaste'.
Narr, r hot halt denkt, des Faste'
ist mr z domm, des ka' . . . miau!

Aber daß es reacht verzehl:
dronternei' isch ao e' Maus gsei',
ond uf d Vögel ist r aus gsei'
wia dr Teufel uf e Seel.

Obneds ist r uf Kareß:
nächtweis hot r mit de Räller
gsonge' wia de ärgste Bröller
Sonntigs en dr Elfe-Meß.

Ond am andre' Morge'-n-älls
ist r komme': ganz verbisse',
d Nas verkretzt ond s Aohr verrisse'
ond mit fremde Hoor em Pelz.

Dear hots triebe' wia e' Herr:
gfresse', gschlofe', grallet, gwildret
(wia ma's Herreleabe' schildret) –
ond uf aomol ist r per.

Seither ist sei' Ofeplatz
leer, ond älles Suache', Stöbre',
Locke', Rüafe, Heule', Döbre'
ist em wahrste' Senn für d Katz . . .

Florian, mo bist, mo schreist?
Hend se de en Kear na gschlosse'?
Hot ma' de em Wald verschosse?
Florian, mo bist, mo leist?

D Wusel

Mei' Wusel ist e' Pudelhond,
neu' Johr alt, schwaaz ond kugelrond,
mit Äuglen – graoß ond wif ond brau' –
wer kö'tt au deane widerstaoh'?
E' Weible, aber wenn se muaß,
noh lupft se wia e Rüad de' Fuaß.
Ond gscheit! de' machst dr koan Begriff:
se goht ufs Woat ond uf de' Pfiff.
Ond wenn e schilt: »Was host wied gschleckt,
des därf ma' net, des ist doch Pfui!«
noh gucket se, als sei re's nui,
ond de'kt: was woaßt denn du, was schmeckt!

Se hot en gsonde'-n Appetit,
se schlappret, wurgt ond läbberet,
daß s Gschirrle nao so kläpperet,
ond ihre Aohre' fresset mit.
Ond wemma' ihrem Teller,
solang se frißt, en d Nähe konnt,
noh leert ses om so schneller
vor Fuaterneid – so send au d Hond . . .

Se bleibt beim Haus ond stromeret et,
ist au koa' Leutverreißer,
nao geng se zeitweis, wenn se kö'tt,
mit jedem Bullebeißer.
S ist halt e' Weible – grad so blend,
wenn a' se konnt, wia d Männlen send.

Ond wenn e s Halsband lang ond sag:
»Iatz därf se mit spaziere', komm!« –
deescht ihre schö'gste Stond am Tag:
noh hopst ond sprengt se om me rom
ond reißt ond zuht ond zerret
am Reame' rom wia närret,
so daß e nemme woaß: führ *i*
des Hondle oder s Hondle mi?

Nao', schwätze' ka' se et – wa tuats?
vielleicht wärs koa' Vergnüage',
ond überhaupt, s hot au sei' Guats:
se ka' drom au et lüage'.

Halt! Daß e s reacht verzehl ond ganz:
se ka' doch schwätze' – mit em Schwanz.
Mol wedlet se, mol stoht r still,
uf dia Weis sait se, was se will.
Ond zuht se-n ei', ond trait se-n haoh,
noh sieht ma' a' dem Stömpfle gnau,
wia s Wetter ist bei Herr ond Frau.

Ond komm e obeds hoam vom Gschäft,
noh sprengt se a' mr nuf ond bäfft
vor lauter Freud ond schleckt me a,
als käm e aus Amerika.
Ond hao'-n-e *noh* so Ärger ghet –
s ist weg, als hetts dr Luft verweht.
So ist mei' Wusel – s hot sein Grond,
morom e so des Menschle lob . . .
Drom wuur e rabiat ond grob,
wenn d Leut oft saget: nao e' Hond!

Vom alte' Fontane

Do lieg e ond huast, hao' eng uf dr Brust,
zom Schwätze', zom Esse', zom Rauche' koa' Lust;
i lies halt, zom Beispiel, dia Gschiicht vom Fontane,
ond wenns ao e' Preuß ist – vo' mir aus, dean ma'-n-e.

Dr Jöngst ist r nemme, r ist mit de Johre'
wia ältere Leut ebe' a'fällig wore'.
Drom plogt en e' Huaste', e' zäher, verhockter,
sei' Weib hot em zuagsetzt: Gang endlich zom Dokter!

Ma' sait em: mach Omschläg, nemm Aspirin,
dei' Fiaber vergoht garantiert mit Chinin.
Trenk Kearnles-, Kamille'- ond Schofgarbe'-Tee,
wuust seah', des brengt de gao' wieder uf d Höh.
Nemm Baldriantropfe', noh ka'st besser schlofe',
am beste' wär s Wildbad ond Wörishofe'.
Ond wenn de' et ka'st, schluck Rizinusöl,
des ist für de' Leib, was es Beichte' für d Seel.
Ond dr Gscheitest vo' äll seine Samariter
hot grote': probier s mol mit Magebitter . . .

Nach dem Gedicht »Flickarbeit« von Theodor Fontane.

Dr alt Fontane, der Zweifler ond Huaster,
hot nao dezua glächlet – r de'kt a' sein Schuaster:
deam brengt r, so hot r s schao' lang en dr Gwohnet,
paar tragene Stiefel äll vierezwanzg Monet:
»Wia wärs mit me' Riaster? Ao d Absätz send kromm . . .«
Dr Moaster dreht d Stiefel mol rom ond mol nom
ond lächlet verleage', als komm r en d Klemme
ond schüttlet de' Kopf: »Es verlohnet se nemme.«

Noch dr Kirbe

Em Alter, sait ma', tärs en Ruck
mit oa'm en d Kenderzeite' zruck.
Descht wohr, nao hot se s Blättle dreht,
seit daß dr Luft dur d Stupfle' weht:
guck, mo dr Bua' vom übervole'
Renetteboom hot Äpfel gstohle',
do bleibt, ka'st jomere' ond bräagle',
do bleibt em Alte' nao noh s Späagle'.

Stondeleut

Schwaaz dr Huat ond schwaaz es Fräckle,
ond s Gehabe gsalbet fromm,
ond e' gottergeabes Gschmäckle
om de' ganze' Ranze' rom.

Besser sei' als andre Mensche',
oder toa', wia wenns so wär,
ond em Neabebruader wensche',
daß er au vollkomme' wear . . .

Ond dr baöse' Welt em Zweifel
mit dr Schrift en Dämpfer gea',
s Glüst veraachte' ond em Teufel
scharf uf d Sendefenger seah'.

Gopfersprich en Onterhose'
mit seim Weib ge schlofe' gaoh'
ond em Naotfall s Liacht ausblose',
sott ses et verhebe' lao'.

Und vo' Bibelstelle' bständig
triale' ond uf Erde' schao'
vom HErr JEsus oagehändig
s Freibillett en Hemmel hao' . . .

Glaubsch mrs, daß vor sotte Denger
s Kreuz sogar dr Teufel schleecht
ond ob deane Stondegänger
schier katholisch weare' möcht?

D Leut saget . . .

Dr Pfarrer häb – i hao's et gseah',
i ka' des Gschwätz nao' weitergea',
ond s konnt mr bißle gspäßig vor,
vielleicht ist ao nao' d Hälfte wohr . . .

Dr Pfarrer häb do neulich, hoaßts –
obs aber wohr ist? neamed woaßts.
I halt dia Gschiicht für oberfaul,
am beste' hieltet d Leut ihr Maul . . .

Dr Pfarrer häb em Gaate' donn,
ond dees bei glockeheller Sonn –
i selber mach dodruf koa' Wett,
ond nonz Gwiieß woaß ma'-n-eabe' et . . .

Dr Pfarrer also häb dia Tag
em Gaate' hentrem Buachehaag
dr Pfarrersköche uf seim Schoß –
ist dees ihr Platz? ma' sait jo bloß . . .

Ond kuuz ond guat, dr Pfarrer häb,
mo s Gaatehäusle Schatte' gäb
– i ka's et glaube', vor e s gseah' –
dr Hausere de' Seage' gea' . . .

Spotherbst

Em Herbst, vor Kirbe a' bis om Martene,
do konnts nohmol dr Sonn,
do tuat se noh emol e' Bene;
noh hocket se em Gaate' donn
stoabhäb beinander danne',
dia alte Spittelmanne'.

s ist koar e' heurigs Häsle maih,
s macht koar maih graoße Spröng,
s tuat jedem ebbnets anderst waih,
ond älle hend so eng . . .
Ond ab ond zua für Baßleta'
probierts oar mit em Laufe' –
r konnt et weit, noch feif, sechs Schritt
sitzt aoser Ma' wied guatig na'
ond sait, r müaß so schnaufe',
d Füaß täre nemme mit.

s wuud et viel gschwätzt: »Jo«, sait dr Oa',
dr Ander brommt, wenns haohkonnt, »Noa«,
se lend de Jonge s Lärme';
se hüastelet dezwischenei'
ond wend vom Leabe' nemme maih,
als sich e' bißle gwärme'.

Manchmol, es geit se oft so d Red,
brengt oar de alte Zeite'-n-ufs Tapet.
Noh wachet se uf, dia Vetter:
zu ihre Zeite' häb se ao
noh mit de Leut Staat mache' lao',
Herr, do häbs ao noh Kerlen ghet –
iatz heut sei d Welt jo ganz verdreht,
des merk' ma schao' am Wetter.
Sie seie noh vom alte' Schlag,
ond so geabs wenig heutzutag.

So ebbes goht oam ei' wia Öl,
se müaßet se selber lobe'.
So hocket se, oa' Heaz ond Seel,
ond stenket mit de Globe'.

Wenn aber oaner sait, r glaub,
r wears et lang maih treibe',
noh ist de ganz Karona taub:
»Wia? Wa host gsait? Vom Sterbe' schwätzst?
Sell lohst mr du fei' bleibe',
sell hebe-mr uf bis zletscht!«

D Ahne' verzehlt . . .

I be' mit meine siebezg Johr
noh gsond ond muschber, sell ist wohr,
ond hao' noh nia koan Dokter braucht,
nao mit em Schaffe' lohts halt noh –
i speir a'fange', daß me-s schlaucht,
i ka' halt nemme so . . .

Mei' Leabe'-n-ist koa' Schleckhaf gsei':
i hao' me plogt ond gschonde'
vom Morge' bis en Obed nei'
für meine Kender ond mein Ma' –
do gucket meine Schronde'
ond meine Schaffhänd a'.

Bis siebe' Mäuler gstopfet send,
do brauchts en Haufe' Fuater,
bis älle Schuah ond Kloader hend
ond was se sust noh älles wend –
do hoaßts: do, du bist d Muater!
Iatz schaff ond mach ond spar ond haus,
noh goht dr d Arbet ao et aus . . .
I will et klagne', i be' fraoh,
daß i fast äll devo' brocht hao'.

Mei' Andres selig hot äls gsait
(Gott geab em d ebig Ruah,
vier Johr sends, daß r dusse' leit):
»Weib, hot r gsait, haör zua:
Ka' sei', ma' trait me vor dir naus,

noh geist em Älteste' es Haus
ond s Sach ond bleibst bei ehm . . .«
Des Gschwätz hot mi äls gstupft ond krä'kt –
wer hett denn sellemol ao de'kt,
daß so schnell ebbes käm?

Iatz muaß me halt mei' graoßer Soh'
volls bhalte' om de' Gottesloh'.
Dia Leut send reacht ond guat mit mir,
i kö'ts et anderst sage',
nao daß se se et rote' lend
ond älles besser wisse' wend,
des muaß ma' halt vertrage',
do konnt ma' se oft aoweat für
ond wias fuft Rad am Wage'.

Ond hett i et mei' Enkele,
des rolle'hoorig Schlenkele,
dean raote' Butzewacker –
wer woaß, ob mi mei' Andres et
schao' lang vor Jomer ghollet hett
naus uf de' Gottesacker?

Seis om e' Jährle oder zwee,
wenns noh bei mir hoaßt: Welt adje!
ist d Hebamm nemme schuldig.
Es Alter ist e' Kra'ket ond
vo' deare' wuud ma' nemme gsond –
i waat halt volls geduldig . . .

November

Descht e' naßkalts Sudelwetter!
Vo' de Bööm wehts dürre Blätter,
ond dr Hemmel, katzegro,
hanget wia naß Lei'tuach do.

Haörsch de' Luft oms Hauseck feage',
siehst dean feine' Schnürlesreage'?
D Wetterfah' grillt uf em Dach,
ond dr Kehner lauft wia Bach.

Descht e' Musek zom Senniere':
schao' November . . . s wuud bald gfriere',
noh konnt Weihnächt, noh hots bald . . .
d Zeit vergoht, so wuud ma'-n-alt.

Ond ma' doßet neabem Ofe',
ond ma' gucket ganz verschlofe',
wia dr Rauch zur Pfeif raus zuht
ond wias dusse' Obed wuud . . .

Ällerheilige'

Müad ond matt ond bluatig raot
blenzlet d Sonn dur d Neabelwa'd,
en de Büsch stoht geal dr Taod
mit dr Seages en dr Ha'd.

Aber wia em Taod zom Trotz
traget d Leut heut Kränz ond Sträuß,
ond uf älle Gräber hots
Bloame', Wachsstöck, Tannereis.

Ond 's wuud trotz em Neabel hell
en de tiafste Gräber donn,
ond de arme Seele'-n-äll
därfet wieder ruf a' d Sonn.

Wärs ao für e' Stöndle nao',
daß se hob spaziere' gehnd –
s tuat ne' guat, se seahnet schao',
daß se et vergesse' send.

Zfriede' steiget se wied nab
en de' Moder, en de' Staub,
ond dr Luft weht übers Grab
dürre Blätter, fauligs Laub.

In eigener Sache

Sotte hots ond s hot ao Sotte,
s ist et anders aosrerseits:
Feine, Grobe ond Bigotte
ond ao ebbes Domme geits.

Mir, mir kennet aosre Fehler,
kratzet selber, mo s aos beißt,
mir, mir brauchet koan Krakeeler,
mo se drüber s Maul verreißt.

s geit jo Mensche', dia send schneller
mit em Maul als mit em Hiin,
aber – send se dorom heller,
selle Sachse'-n-aus Berlin?

Jeder schilt vo' deane Koge'
über d Spätzlen, d Leut ond d Sproch,
ond des Gschwätzwerk, des verloge',
schwätzt dr oa' em andre' noch.

Wenn oar konnt, deam aoser Schwäbisch
zwider ist vo' A bis Zet,
gäb ma'm gearn, ao wemma' bhäb ischt,
s Geld für sei' Retuhrbillett.

Lobe' mua' ma' d Schwobe', lobe',
wemma' d Wohret haöre' will:
Schao' reacht, aber s gäb ao Klobe',
ond ma' fend se aohne Brill.

Aosre Mödelen ond Mucke'
seie koam e' Freudequell;
s müaß e' Fremder manches schlucke',
wenn r mit aos gschirre' wöll . . .

Mir als Schwobe' därfets sage',
aber wenns en Andrer sait,
noh riskiert r Kopf ond Krage' . . .
Hoch de schwäbisch Gmüatlichkeit!

E’ Gmüatsmensch

I moa’, mit aosrer Muatersproch
gangs hente’ hott – was konnt dernoch?
Mir Alte sterbet aus, was konnt,
ist Kauderwälsch ond Konterbont.

I sag wia seller Bauredoktor,
e’ gschickter, aber ganz verhockter;
mo dear emol e’ leibarms Weib
hot ontersuacht, sait dear zom Ma’
(ond s Weib deneabe’ haörts mit a’):
»s hot et viel wert, was i verschreib,
dia Sach nemmt ihren gweiste’ Gang –
a’ deare’ hend Se nemme lang.«

Sülche'

So, iatz temmer d Kappe' ra –
et so laut, send ruhig etze':
uf em Gottesacker därf
außrem Mesmer neamed schwätze'!

Reih om Reih ond Grab om Grab,
jedem ist sei' Platz zuagmesse'.
Manche hend noh frische Kränz,
manche send schao' lang vergesse'.

Dean ond sellen hao'-n-e kennt,
dear hots ao schao' überstande'?
Seis noh om e' Weile, noh
wemmer ao deneabe' lande'.

Wenn dr s Leabe' noh so gfällt,
zletzte' konnt halt doch dr Butze':
a' me' schöne' Tägle gilts,
noh muaßt d Platte' putze' . . .

s Haierle hot reacht, wenns sait:
»Was sind Ehre, Ruhm und Namen?« –
s hots noh koaner weiter brocht
als bis Sülche' . . .
Amen.

Sülche' = Friedhof der Rottenburger, halbwegs zur Wurmlinger Kapelle.

Am Hemmelstörle

Meim Namenspatro' Sebastian Sailer z Ehre'

»Wa ist denn iatz schao' wieder laos?«
Gottvatter saits ond schleecht sei' graoß
Gebetbuach vole'-n-Ärger zua.
»Iatz lend me doch emol en Ruah
ond mei' Brevier volls feetig bette' –
i ka' iatz et ond will au ete'.«

Dr Petrus bruttlet: »s stoh Oar dusse'
ond sait, r sei et weit vom Busse'
vierzg Johr lang Pfarr ond Pater gsei',
r hoff, Gottvatter laß en rei'.
Ihr seie, sag e, überlenkt;
druf sait r nao', r häb ses denkt,
noh waat r halt, r häb jo Zeit,
ond doderweage' gäbs koan Streit.« –

»Wia hoaßt r ond wia sieht r aus?
Ma' fällt de Leut et nao ens Haus«,
sait Gott dr Herr, »ond überhaupt,
hot dear en A'spruch, wia-n-r glaubt?«

»r hot e' weiße Kutte'-n-a'
ond s scheint e' reacht kommoder Ma':
r lachet gearn ond ist et domm,
koa' Frömmler, ehnder hoa'lich fromm,
ond manchmol au e' Grobian
ond schreibt se ›P. Sebastian‹.

Des hemmr doch schao' oan, i moa',
em Hemmel täts au oar alloa' . . .« –
»Gang, Petrus«, sait dr Herr, »ond suach
noch seine guate Werk em Buach.« –

»r hot«, sait Petrus, »neamed gschädigt,
nao Messe' glease', Beicht ghaört, predigt
ond neabeher, so be'-n-e briichtet,
für Bassleta' e' bissle diichtet.« –
Dr Herr sait: »No, s ist grad koa' Send,
solangs dia Buuscht et drucke' lend.
Wa hot r gschriebe'?« – »Dees ists grad,
Herr, sieh-n-ems noch en dei're Gnad:
Komödene' vo' fromme' Sache'
uf Oberschwäbisch ond zom Lache':
vom Luzifer – do sag e wenig –
ond vo' de Heilige Drui König.
Ond s Ällerärgst: en zwee devo'
send Ihr, Gottvatter, d Hauptperso' –
e' Schand, wia dear Ui schelte' loht,
weil d Eva Ui a' d Epfel goht!
Was soll e mache', liaber Gott:
ehn rei'lao' oder schick en fott?«
Gottvatter schmonzlet: »So, descht dear!
Mach tapfer uf ond hol mrn her,
der därf mr et uf Höllefahrt.«
r streicht sein lange' weiße' Bart:

»Ond saist em glei, r sei willkomme’,
i häbs em et en übel gnomme’,
ond sei-n-em schao’ e Plätzle griicht –
wa machst denn für e sauers Gsiicht?
Narr, wemmr nao noh maih so hettet:
fromm glachet ist so guat wie bettet.«

Dr Petrus mao’zt: »Descht au e’ Grond!«
ond rasslet mit seim Schlüsselbond:
»Noh ebbes, vor en rei’lass, Herr,
i glaub, des geit e’ baös Geplärr
z Tübenge’ bei dr Fakultät –
dia hend doch Händel mit em ghet . . .« –
»Laß schreie’«, sait Gottvatter, »s Gscherr
ist äwel gscheiter wia dr Herr . . .«

Ha wa, mir!

Vom Ländle hend ses ghet ond graoße Name'
vo' Landsleut ufzehlt voler Stolz.
Dr Schultes sait: »Was des betrifft, do ka' ma'
nao sage': s leit bei aos em Holz.«

Dr Lehrer sait: »Daß die em Land gebore',
bestreit ich net, das kann ja sei',
blos send se alle drauße' erst was wore',
denn für Schenies ist s Ländle z klei'.

Sogar dr Schiller hat en d Fremde müsse'
ond hat sich dort sein Name' gmacht;
em Ländle hetts dr Schiller trotz seim Wisse'
sein Lebtag net zom Schiller bracht.«

E' Dritter sait: »s ist ebbes dra', do henne'
sitzt leibhaft s Beispiel – gucket her:
was hett aus ao'srem Lehrer weare' könne',
wenn dear beizeite' gange' wär . . .«

E’ Eitler

Vergilbt, wia alte Fotos send,
so konnt em neulich oas en d Händ:
dr Vadder stoht em Brotesrock
ber Muater, diea wia Opferstock
deneabe’ sitzt, e’ Kend em Schoß –
en Butzger, a’tao’ als Matros.

Descht Ear! r guckets a’ ond de’kt,
wia Kauter ufbläht enne’ denne’:
»Dia hend mr also s Leabe’ gsche’kt –
mei’ Komplement! Ihr zwee hends könne’!«

E’ Gscheitle

Dear ist ao vo’ sellre’ Zonft:
viel Verstand ond koa’ Vernonft.

Aoser Schwäbisch konnt zo Ehre'

»Celui qui a voté blanc est un A . . . loch.«
Zwischenruf im elsässischen Regionalrat 1976

Aoser Schwäbisch konnt zo Ehre':
s geit e Woat, s ist et grad fei',
des host früher könne' höre',
ist oar z domm zom Bettle' gsei'.

Heut sait s et nao Schwob ond Schwäbe,
heut ist s enternazional,
z Bonn am Rhei' ist s gang ond gäbe –
s paßt ond trifft scheints überal.

Ao de sogenannte Bessre
fehrt des Wöatle raus em Nu –
nao koa' Angst, daß dias verwässre,
narr, s »per Sie« verstärkt de' Guh.

Besser, statt do drüber z klaget,
suacht ma' noch de Hentergrönd:
Nemmet selle zua, mo s saget,
oder selle, mo-n-es send?

»Ufrichtig ond gradraus . . .«

Nach einem alten Spruch

Ufrichtig ond gradraus
(mit Maß ond Ziel),
guatmütig bis dortnaus
(wenns Geld et em Spiel),
wenns sei' muaß, saugrob
(ond des hot se glei),
so ist dr Schwob
(oder moa't, daß r sei).

De mortuis nil nisi bene

Gspäßig! Noch de Leicherede'
– ond e' jede paßt uf jede' –
hot s noh nia' en brävre' Mensche'
gea' wia dean, mo nemme lebt. –
O wenn s nao ao, mua' ma' wönsche',
grad so viel lebendig gäbt!

De mortuis nil nisi bene (römischer Grundsatz) = Über die Toten nur Gutes

Dr letzt Schwob

Älle Völker ka' ma' haöre',
Leut vo' älle Stemm ond Städt,
älle Sproche' – außer mei're':
Schwäbisch haört ma' z Stuaget et.

Jugoslafisch, Italienisch,
Spanisch, Türkisch weit ond broat,
ond Arabisch, Griachisch, Jenisch,
aber Schwäbisch? et e' Woat.

Pommrisch, Böhmisch, Plattdeutsch, Schlesisch,
ond Berlinisch überlaut,
s wuud en Bälde mit Chinesisch
s Schwäbisch vollzger ganz versaut.

Ond natürlich haört ma' Preußisch,
aber Schwäbisch? kaum vom Klett,
höchstens Honrazjore'-Heussisch,
aber des machts Kraut et fett.

S wuud sogar uf Suaheli
ond uf Bantu kauderwelscht –
aber morom führ ond zehl i
älles uf, was d Sproch verfälscht,

wemma' schao', was Send ond Schad isch,
dobe', mo ma'-n-aos regiert,
nemme schwäbisch, nao noh badisch
mitenander dischkeriert?

Ist denn ao'ser Sproch verbotte'
oder s Schwäbisch so verstaubt,
alt ond rostig zom Verschrotte'?
Geits noh Schwobe' überhaupt?

s treibt me drom schao' lang d Idee om:
beißt dr Blau emol ens Gras,
stellt ma'-n ausbälgt ens Museom
als de' letzte' – henter Glas.

E' Zeitongsleaser

I hao', obwohl e d Zeitong lies, koan Donst
vo' Boletik ond Litratur ond Konst;
i überfliag se halt, mir goht des Zerfe',
des ewig Gstritt oms Kaisers Bart uf d Nerve'.

I nemm mr nao' für *oan* Artikel Zeit:
fürs Kreuzwoaträtsel uf dr letzte' Seit,
– obs ufgoht oder et, descht et so wiichtig –
do woaß e wenigstens, was falsch ond riichtig.

Dezember

Gucket ao, wias dusse' schneit –
iatz ist s Christkend nemme weit!

Überal wuud grührt ond gwoge',
nei'glangt bis zom Eleboge',

überal wuud knaatscht ond bache',
schmeckts noch taused guate Sache':

Schnitzbrot, Zemmtstean, Bäretätzlen,
Sprengerlen ond Anisplätzlen . . .

Ond des Gschmäckle ond des Düftle
ond des kalt Dezemberlüftle

brengt e jedem wied e Stuck
vo' de Kenderzeite' zruck.

Wenter

S ist älles weiß vor lauter Schnai,
ma' sieht koa' leabigs Wease'.
Dr Luft feagt über d Äcker nei'
wia mit em Reisigbease'.

D Bööm glitzget wie mit Zucker bstreut,
ond Gräbe', Zäu' ond Hecke'
ond d Stangenhäuslen send verschneit,
ond d Büsch send nao noh Stecke'.

Dr Hemmel übers Wäldle nei'
hangt voler groe Wolke',
ond Grabbe' hocket uf em Schnai
wia schwaaze Dentedolke'.

Bsuach aus China

»Herr Blau, i muaß mol ebbes froge':
ist Ehne' dr alt Wang bekannt?« –
»Dr Wang, mo noch Tsingtau verzoge' –
ha jo, mer send sogar verwandt.

E' Schnittle über siebe' Suppe',
wia d Schwobe' halt mitnand verwandt.
Er ist bei selle China-Truppe'
vom Kaiser gstande' als Scherschant.

Er ist en China hange'bliebe',
ma' woaßt bis heut noch et morom.
Iatz hot r mr uf oamol gschriebe',
r häb so Hoamwaih – ond r komm!

Was wuud dr Wang für Auge' mache',
wenn dear sei' Hoamet wieder sieht:
dia Bonze', Kräch ond kromme Sache'
ond was vo obe' ra älls gschieht!

I haör schao' iatzt des uralt Männdle
verzweiflet jomre': Laß me gaoh',
en meine Auge' ist es Ländle
chinesischer wia Kiautschau . . .«

Tsingtau = frühere deutsche Kolonie im Bezirk Kiautschau;
China-Truppe = deutsches Kontingent des westlichen Expeditionscorps im Boxer-Aufstand 1900/01.

Mo ist dr ferndig Schnai?

Wer gestets no e' Graöße gsei',
dean gheit ma' heut zom alte' Grempel;
am Necker ond en Bonn am Rhei'
geits dófür dutzedweis Exempel.
  Mo ist dr ferndig Schnai?

Schenies? des hots bei aos wia Heu:
s brengt jeder Tag en nuie' Schiller;
ond grad en Tag lang hebt des Gschrei,
ond noh ists wieder om en stiller.
  Mo ist dr ferndig Schnai?

Ond d Liabe, schleecht se om en d Aih –
mo blieb se noh e' Gschleck vo' Honig?
Dr süffigst Most, dr süaßest Wei'
wuud räß ond lauft em Alter konig.
  Mo ist dr ferndig Schnai?

Ond guck e en de' Spiagel nei',
noh gucket raus en alter Denger
ond sait: Bist ao mol schöner gsei',
zwar dömmer, aber dofür jönger.
  Mo ist dr ferndig Schnai?

Ond tuat mr mol koa' Zah' maih waih,
ond liest ma' nooh noh, wa-n-e geschriebe'
uf Schwäbisch oder uf Latei',
noh wär r länger liege' bliebe'
  als sust, dr ferndig Schnai . . .

Noch Johr ond Tag . . .

Descht ebbes Gspäßigs, kennst des ao:
noch Johr ond Tag vor Fremde rei'
mol wieder en dr Hoamet sei' –
ond doch noh Jomer hao' . . .?

s stoht älles noh am alte' Fleck,
ma' lauft dur d Stroße' wia em Troom,
kennt jedes Haus ond jedes Eck
ond jeden Zwetschgeboom.

Ond en dr Märkgaß a' me' Haus
blüahts älleweil noh raot ond blo –
nao s Mädle gucket nemme raus,
des wohnt scheints nemme do . . .

Do denkts vo' selber en oam zruck,
ond s konnt aom zmol so vor, als sei
dr Kirchetuun ond d Neckerbruck
frühr viel, viel graößer gsei'.

Ond s Städtle sag iatz gege' frühr
statt »Du« uf oamol »Sie« zo oam,
ond manchmol – o do isch oam schier,
ma' sei gar et dehoam . . .

O Leut, des ist e' bsonders Waih:
dehoam sei' ond doch Jomer hao' –
ma sott halt nohmol vierzeah' sei',
noh täts velleicht vergaoh'.

Wia dr alt Adenauer

Je älter, velleicht ao je gscheiter i wur
ond haör om me rom dia Kugelfuhr
ond überleg mr dean Leabtag gnauer,
noh sag e wia dr alt Adenauer,
der d Mensche' kennt hot ond d Leut:
»Was stellst de denn selber taub ond blend?
Muaßt d Mensche' nemme', wia se halt send –
schao', weils koane andere geit.«

Die »EÜ«*

I hao' mol gsait vor langer Zeit:
es möcht ob deane Stondeleut
dr Teufel schier katholisch weare'.**
Iatz hoaßts de' Kropf vo' nuiem leere';
denn iatzt hend meine Glaubensbrüader
– Studierte, koane Soafesiader! –
uf neudeutsch d Bibel übersetzt.
Liest dia dr Bapst, der deutsch jo schwätzt,
noh möcht r lutherisch weare'.

---

* EÜ = ›Die Bibel, Einheitsübersetzung‹. Katholische Bibelanstalt, Stuttgart, 1980
** siehe Seite 162

E’ Gleichnis

»Älle send vor Freud schier närret,
älle strahlet, wenns so weit,
nao’ en Oa’zegs schreit ond plärret« –
hot ber Täufe d Hebamm gsait.

»I degege’ haör nao’ Bette’
ond Gejomer, wenns so weit,
nao’ en Oa’zger heulet ete’« –
hot dr Taotegräber gsait.

Vetter, dees als Gleichnis gnomme’,
sait dr, wias oms Leabe’ stoht:
geits en Grond zur Freud beim Komme’
ond zom Heule’ wemma’ goht?

D Kirche'-n-Uhr

(am Silvesterobed 1972)

»He, Tuuner, gib dei' alte Uhr,
hilfts Schmiere'-n-et, emol en d Kur.
Se goht jo noch – om viel sogar!«
So schreit johraus, johrei' s jong War.
Iatz *mir,* des Deng sei, wia'-n-es wöll,
  mir goht se ehnder z schnell.

Am Wiitshaustisch

»Dia heire' – so e' toage Pflomm,
mo s Hiinschmalz et mit Löffel gfresse',
bei deare' jede Silb e' Gschnas!« –

»I kenn en, ond i woaß morom:
für dean ist ihre' Dommheit s Maß,
om dra' de oage Gscheitheit z messe'.«

Über e' Büachle vo' me' Kollege'

s soll schwäbisch sei', weils schwäbisch tuat.
Ond et nao dees ist o'a'gnehm:
was guat dren ist, stammt et vo' ehm,
ond was vo' ehm stammt, ist et guat.

Vom Büacherlease'

Büacher send wia Feuerstoa'.
Aber Fonke' gend alloa'
weder warm, no helle' Schei':
Solls e' Flamm gea', noh so klei',
muaß dr Leaser Zonder sei'.

Für was denn sust?

Descht en armer Tropf,
wa-n-r schwätzt, ist Papp –
hett r et e' Kapp,
brüücht r gar koan Kopf.

Kollektivschuld

Des ist bigott en alte Muck!
Nao' s Woat ist nui; was d Sach betrifft,
so kennt se schao' de Heilig Schrift;
se goht bis uf de'-n Adam zruck.

Ond wer de' Menschename' trait,
wuud seither gstroft vom liabe' Gott,
weil d Eva Epfel gmauset hot –
nao' hot ma' früher ›Erbsönd‹ gsait.

Onterweags

Halbweags zom Gottesacker vor dr Stadt
vergruabet uf me' Bä'kle müad ond matt
mei' alter Nochber: Jo, r häb schao' lang
en Bsuach selt mache' wölle', wenns noh gang.

s gang aber nemme, wia-n-r ei'seah' müaß,
dr Weag sei z weit für seine alte Füaß.
So kehr r halt Gottsname' wieder om –
r schaffs jo doch bald, – wenn r gfahre' komm.

Vor em Jöngste' Griicht

»Der Nächste bitte!« schreit dr Michael.
Dr Blau stoht uf ond nemmt sei' arme Seel,
Gottsname', de'kt er, schluck e halt dia Krott!
goht nei' ond sait zom liabe' Gott »Grüaßgott!
I be' dr Blau, wa wend er vo' mr wisse',
i hao' koan ombrocht ond ao neamed bschisse' . . .« –
»Halt«, sait Gottvatter, »so schnell schießt man nicht
bei diesem allerletzten Weltgericht.
Wie wollen wir verhandeln – auf Latein,
auf Hochdeutsch oder solls auf Schwäbisch sein?« –
»Des ist mr gleich, Herr Richter«, sait dr Blau,
»wenn s Griicht druf bstoht – i ka' lateinisch ao.« –
»Guat, schwäbisch«, sait dr Herr, »dann simmer einig,
wenn ao mei' Schwäbisch nobler tut wie s deinig.
I frag de jetzt, gib Antwort: Ja und Nei'
und mach kein Schmu, sonst fallst am End noch rei':

»Hascht du mein heilge' Name' nie mißbraucht?« –
»Nao' hia' ond do. Sobald me ebbes gschlaucht,
noh hao'n-e gsäuslet ›Herrgottsakrement!‹
et überlaut – ist des e' schwere Sönd?« –
»Hascht deine Eltre' ghalte', wie ma' sott?« –
»I hao' nia' gsöndigt gege' des Gebott.« –
»Hascht falsche Götter g'ehrt wie d Heidewelt?« –
»Noa', etemol de' graößte' Götze': s Geld.« –
»Und hascht dein Nächste' wia di selber möge'?« –
»Descht z viel verlangt, i protestier degege'« –
»Hascht gloge' ohne Reu und Leid und Buaß?« –
»Du liaber Gott! et öfters als ma' muaß.« –

»Und hascht ao gstohle'?« – »Noa', des wär, potztaused!
e bissle z viel gsait, höchstens Gutslen gmauset.« –
»Hascht nia kein Gluste' ghabt aufs Nachbers Weib,
sei' Haus, sei' Magd, sei' Vieh zum Zeitvertreib?« –
»Awa! so rassig ist dear Gruust jo et,
daß mi d Begier dernoch arg kitzlet hett.« –
»Und bischt deim Weib net paarmal nebenaus?« –
»Jo, descht passiert, et oft, ond nia' em Haus.« –
»Des wärs«, sait Gott, »i hab kei' weitre Frag.
Jetz, Michel, gang und hol dei' große Waag
und wäg mr, aber nimms aufs Gramm genau,
d Verdenst und d Schulde'-n-ab vom Sönder Blau.«

Dr Michel tuats ond kriagt e sauers Gsiicht:
»Sei' lenke Schal fellt bißle maih ens Gwiicht.« –
»Wenns so ischt«, sait dr Herr, »wär d Höllestraf
am End woll z schwer für so e' scheckigs Schaf,
s Fegfeier scheint für den es recht Quartier.« –
»Was!« schreit dr Blau, »i hao's doch henter mir
ond älles büaßt, was soll e nóhmol selt –
ists noh et gnuag: achtzg Johr lang uf dr Welt?« –
»Guat«, sait dr Herr, »noh sage ›mit Bewährong‹.
Jetz gang ond wart beim Petrus auf d Verjährong.«

Silvester

Schao' wieder klopfets a' dr Tür –
wer ka' des naachts am zwölfe sei'?
Wer so spot klopfet, suacht Quatier,
gang, mach em uf ond laß en rei'!

»Grüaß Gott!« – r macht ses glei bequem
ond brengt, kaum sitzt r, hofreacht vor:
r bleib, ao wenn r ao'gschickt käm,
uf älle Fäll e' gschlages Johr.

r deutet uf sein Sack em Eck:
»Was dren ist, wend er später seah',
bis do na' sag e: d Fenger weg!
i wuur schao' jedem s Naötig gea'.«

Ma' stellt em Gast en Glühwei' na',
velleicht lupft dear deam Fremde' d Zong,
ma' fühlt em geistweis auf de' Zah' –
ond konnt em doch et uf de' Sprong.

Vo' mir aus! sei em Sack, was will,
s ist guat, daß koar sei' Päckle kennt.
Verschluck, was bitter schmeckt wia Pill
ond nemm, was guat ist, als Präsent.

Abbitte

»O Ma', wia konnst ao dodezua
ond hoascht d Frau Deng e'domme Kuah!
Nemms zruck ber nächste' Gleageheit
ond sag re', s tär dr grausig leid.«

Kaum macht se s Maul zua, stoht ao schao'
ens Nochbers Wies e' Kuah am Zau'.
Dr Blau – des seah', sprengt nom ond sait
dr Kuah ens Aohr nei', s tär em leid;
r häb et *sie* samt älle Küah
beleidige' wölle', aber d Galle'
gang ehm ens Bluat, verkomm em dia . . .

Ond s Küahle lupft, als häbs verziah',
de' Schwanz ond loht en Pfladder falle'.

Descht älles dei' . . .

Gucks a', des Land em Sonneschei':
Fruuchtfelder, Wiese', Berg ond Wald
ond Wenget a' dr Sommerhald –
descht älles dei'!

Haörsch? Haalet selle hoalich Sproch
vom Necker donn am Mühlewuhr
ond vo' dr alte' Kirche'-n-Uhr
et en dr noch?

Ond schmeckst dean Schmack vo' Haaz ond Holz,
vo' Tannenodle' ond vo' Heu,
vo' reifem Koan ond Obst ond Wei'?
Bist et druf stolz?

Sag, regt se ebbes en dr denn?
Speirsch, wia drs warm oms Heaz rom wuud
ond wias de zo deam Bode' zuht
mit älle Senn?

s ka' gar et anderst sei' als so,
bist selber jo e' Stuck devo' . . .
Ond später legt ma' de drei' nei' –
noh bist wied sei' . . .

Fest- ond Feiertäg

Dr Johrmärkt

Orgle', dudle', schelle', blose',
Gschroa an älle Eck ond End,
ond e' Trubel uf de Stroße',
ond e' Druckete vor de Ständ.

Heut ist Johrmärkt, heut ist botte'!
D Kender gehnd vo' Haus zu Haus:
»Ahne', Muater, Bas ond Dotte' –
rucket ao en Kreuzer raus!«

Ond se hanget na' wia Zecke',
bis ma' ne' en Kromets geit.
»Aber tend et älls verschlecke'!«
Descht am Johrmärkt halt so gsait.

Noa', des ka' ma'-n-et verlange',
mo-s uf älle Gasse' heut
Magebrot ond Zuckerstange',
Bäredreck ond Klompe' geit!

s Karessell

Sprenget, Buabe', laufet, schnell:
iatzet fahre' mr Karessell!

Gucket nao, wias glänzt ond glitzt,
fonklet, spiaglet, blenkt ond blitzt.

Seahnet-r dia Gäulen trabbe':
Schemmel, Schecke', Füchs ond Rappe'?

Älle biaget voler Stolz
d Häls, ond send doch nao vo' Holz.

Auf iatz, nuf, ond d Kreuzer raus!
Obacht, Kender, iatz gohts laos –

zeest em Schritt ond noh em Trabb
(do verluut oar schao' sei' Kapp . . .),

Rappe', Schemmel, Füchs ond Schecke',
älle sprenget aohne Stecke'.

D Orgel dudlet, d Buabe' lachet,
d Mädlen grillet, d Britter krachet,

s dreht se älls em Krengel rom,
s wurd oam durmelig ond domm.

Bis dr Karessellma' schellt,
ond es Gäule wieder hält.

Noh isch aus ond noch me' Weile
hockt en Andrer uf deim Gäule . . .

»Dr wahre Jakob«

Oha, do ist ebbes laos,
s goht vor lauter Leut et weiter . . .
zmol loht Oar en Bröller naus:
»Jetzt kommt was andreas!« schreit r.

Kenderbäl ond Gipsfigure',
Hoseträger, extra stark,
Fuierzuig ond Tombakuhre',
Stuck für Stuck e' halbe Mark.
Gölte', Zuber, Kübel, Krätte',
Heiligebildlen, Poterekette',
Fleckewasser, Wichse, Schwämm,
Bendel, Masche', Büüste', Kämm,
Kräge'-n-aus Papeir – dia hebet
garantiert so lang r lebet! –
Messer mit zwoa Dutzed Klenge',
scharf wia Fuaterschneidmaschee,
Soalen für zom Wäschufhenge',
Kaffeeschüßle', Portmanee,
Kucheschüüz, mo selber schaffet –
Herr, wia do dia Weibsleut gaffet!
Älles, älles, liabe Leut,
mo ma'-n-et em Troom verde'kt,
kriaget-r beim »Jakob« heut
halber drei' ond halber gsche'kt!

Glaubsch nur, daß dear s fetigbrengt
mit seim Schreie', mit seim Toa',
daß de Leut vo' ganz alloa'
s Geld zom Hosesack raus sprengt?

Dr Lukas

Haut de' Lukas! Wer riskierts?
Do, dear Metzgerknecht probierts!

Zeeste'-n-aber spuckt r geschwend
wia e' Kraftathlet en d Händ.

So ond iatz noh d Ärmel nuf –
Obacht, iatzet haut r druf!

s tuat en Schlag, als ob s ganz Gstell
auseinander fahre' wöll.

Druimol haut r, bis es schellt
ond es Käpsele obe' knellt.

Nochher wischt r se sei' Gsiicht –
so e Schlegel hot e' Gwiicht!

Ond dr Lukas macht deam Ma'
aus Papeir e' Rösle na'.

Dr Luftballo’

Luftballo’, Luftballo’ –
hebet-en, r goht devo’!

Wias en nufnemmt mit em Wend
über d Budene’ ond d Ständ,

über d Bööm ond übers Haus,
über älle Dächer naus!

Bald druf ist dr Luftballo’
nao raoter Tupfe’ noh.

Ond am End, kaum siehst-en maih,
schlupft r – ätsch! – en d Wolke’ nei’.

Brauchst et heule’, dommer Bua,
iatzet hot de arm Seel Ruah.

Narr, dehoam do wär r zletscht
wia e’ Wuusthaut zemmedätscht.

Dr Neger Wakamba

Ui jees, ui jees,
wa ist ao des?
Stend näher na', noh seahnt-rs besser:
Potzblitz, descht jo e Menschefresser!

E Ma' wia Boom ond schwaaz wia Grabb,
ond uf em Aohr e Zottelkapp,
ond Hoor aus schwaazer Wolle',
ond en dr Nas en Messingreng,
ond mo es Maul ist, hot dear Deng
e Luppel – ganz verschwolle'.

Ond wia-n-r d Auge' rolle ka',
ond wia-n-r d Zeh' ka' blecke' –
ao eme' kuraschierte' Ma'
goht s Zäpfle na vor Schrecke'!

Gent acht, iatz macht r Konststück vor:
r sait, r freß mit Haut ond Hoor,
aobrote'-n-ond aogsotte',
e Kälble, wia-n-es leib ond leb,
so mache-s d Hottedotte'.
Iatz aber, weil r grad koas häb
(narr, s Kalbfloasch sei so teuer),
drom freß r halt nao Feuer.

Noh nemmt r aus re' Flasch en Schluck
ond aus seim schwaaze' Maul raus, guck!
konnt – jesmariandjosef! – zmol
e' geal ond raoter Fuierstrohl!
Noh wischt r d Gosch am Ärmel a
ond lachet ond sait babbela . . .

. . . Ob dear vo' jeher Neger gwea'?
Ob dear et Farb loht, wemma'-n wäscht?
I moa', i häb dean Ma' schao' gseah'
en Häslich uf em Schützefest . . .

D Soaltänzere

Wia ka' ma'-n-ao, wia ka' ma'-n-ao
en so me' kuuze' Röckle
am helle' Tag vor d Leut na'staoh' –
waat nao, du Lompedöckle!

Sei' seidigs Leible glitzget ganz
vor Flitter ond vor Firlefanz
wias Fasnetshäs vor Tante',
ond en de Aohre' ond em Hoor
ond a' de Ärm, do fonklets vor
Medailje'-n-ond Briljante'.

En A'lauf nemme', gschwend en Satz
ond nuf ufs Soal em Hui –
descht oas! Iatz stoht r dob, dr Fratz,
ond gautschet mit de Knui.
Se fuchtlet mit em Schirmle rom,
lauft hentersche ond kehrt wied om
ond zupft an ihrem Röckle;
se ka' sogar uf d Zaihe' staoh',
ond weil se wacklet, moat ma' schao',
se hagle ra – jo Dreckle!

Se gheit de Leut e Kußha'd zua
ond dreht ond biagt ond wendet se
ond knublet na' ond bendet se
– iatz gucket nao ao! – d Schuah!

Se ta'zet rom ond nom, dia Krott,
tuat Höpser, sprengt ond lauft wia Bott
wia mit em Soal verwachse',
ond macht dezua noh Faxe' . . .

Respekt vor deane Karreleut!
Soalta'ze'-n-ist e sauers Brot,
ond wer sei' Handwerk so verstoht,
verdeanets, daß ma'm ebbes geit!

D Schiffschaukel*

Meire’ Lebtag han-e d Tante
in keire so Aufregung gsehe’
Wia an sellem Mittag,
an eme’ Johrmarkt isch gwä:
Älles hot zitteret an re’ bis nauf
zu der Feder am Hüatle,
Ond noch Luft hot se gschnappt
fast wia e’ heniger Fisch.
»Jesesmariaondjosef! was ist denn passiert
ond was fehlt dr?«
– »I ka’ nemme, i muaß
zerste’ verschnaufe’ e’ Weil . . .
Wisseter, wer in der Stadt ist:
der Fritz! Mit eigene Auge’
Han-e se gsehe’ dia Schand,
drauße’ beim Turnhalleplatz:
Mittle’ onter de Bude’- ond Karre’leut
hot r sei’ Schaukel
Ond auf dem Schild an der Kass
ausgschemmt de’ Name debei!
Was hot dear uns scho’ a’toa!
Vom Geld wille netemol sage’ . . .
Jetz au noh so en Skandal!
s schwätzet scho’ älle dra’ na’.
Aber s ist mr heut morge’ scho’ gwese’,
wia wenn-e des gspürt hett:

---

* Beim Vortrag wolle man die Aussprache dem besseren Milieu des Gedichts anpassen.

Hugo, sag-e, gib acht, s ist mr
heut gar et wia sonst . . .«
»Hör jetzt auf mit dem Lette'gschwätz!«
fährt ere' zmol onser Vatter
Wüatig ond grob übers Maul;
»mei' Verwandtschaft ists net!«
Jetz ben e schleunigst verduftet,
womöglich wärs Wetter an mir naus.
D Muater hot ebe' noh gsagt:
des sei e' schöne Blamasch.
Aber d Tante hot gjammret,
es sei ere' wege' dr Paula,
Wenns dr Herr Dokter erfahr,
lös r d Verlobung geh auf . . .
»Freilich, dersell mit seim Krattel!«
hot dr Vatter noh bruttelt,
s gäb onter jedere' Herd räudige Schof,
wemmer suach . . .

I aber han mit em Ludwig, meim Freund,
zerst Türkische' Honig
g'schleckt a' me' Ständle ond noh
semmer zom Turnhalleplatz.
Selt hots gorglet ond dudlet, ghuppet
ond gschellet ond bloset,
s Karussell hot sich dreht,
drübe' beim Lukas hots klöpft.
Aber die weiß-blaue Schifflen send
an der Schiffschaukel gfloge'

Rüber ond nüber ond nauf
bis onter d Blaihe vom Dach.
A'gschuckt se e' Ma'
eme' schöne' gstreifte Zweter
Mit eme' Böller em Gnick
ond mit hellgelbe Schuah!
Muskle' wia en Athlet hot r ghett
ond en Armband oms Gäder,
Ond de'-n-Arm tätowiert
mit eme' Anker ond Schiff.
»Des ist mei' Onkel!« Aber dr Ludwig,
der neidige Denger,
Hot mrs ei'fach et glaubt:
»Mach mr e' Kreuzle uf d Hand!«
– »Wette' mr, daß?« – »I gib dr en Kreuzer,
wenn dem Grüaß Gott sagst!«
Daß e aber au gang,
hot r me hehlinge' gschuckt.
Zerste' hot me mei' Onkel, wia-n-e
Grüaß Gott zu-n-em gsagt han,
Gfroget: »Büable, wia heißt?«
Noh hot r glachet: »So, so!
Weil de' so brav bist ond weil de' me
kennt host, därfeter schaukle',
Selt, sitzet nei' mitenand – schauklet mr
aber et z arg!«
So hemmer gschauklet, stondelang,
bis ons schier übel ist wore',

Später sei' Örgele dreht
oder ehm helfe' kassiert.
Herr, wia hot me mei' Freund om dean
Schiffschauklersonkel beneidet!
Ehm sei' Onkel ist bloß
Amtsrichter z Tübinge' gwä.
Erst beim Betläute' semmer heim
ond hend zu meim Onkel
Dank-schö' gsagt ond Adjee.
Do hot r glachet ond gmeint:
»So zwoi tüchtige Kerlen könnt-e
jede' Tag brauche' –
Bleibet-er bei mr, ihr zwoi?
Ihr hättet s Zeug zu deam Gschäft. –
Ganget iatz noh, s ist oiner wia i
grad gnuag für d Famile . . .
Sag deheim au en Gruaß –
nei, es ist besser, sagst nix.«
Do wär-e schö' demit a'komme,
wenn-e-n hett ausgricht:
Narr, se hend älles scho gwißt, s Orgle'
ond s Schaukle' ond älls.
Auf em Kommod ists Meerröhrle glege',
d Muater hot gheulet,
Ond dr Vatter hot gsagt:
»So iatzt orglet mol mir . . .«
s Weiter ist et guat z verzehlet, scho' gar et
em klassische' Versmaß . . .

Aber i weiß noh wia heut,
    daß i mr vorgnomme' han:
Grad zom Posse au emol später
    Schiffschaukler z weare' –
ond i därf sage', i hans
    beinoh und schier so weit brocht.

Alois und Paula
Eine schwäbische Liebesgeschichte in Briefen

Vorspruch

A'fangs hanget ma' wia Zeck
anenand mit Gschmus ond Gschleck.
Noch me' Weile goht s älls schiaf,
so wia do en deane Briaf.
Noh geit s Vorwürf, Händel, Krach,
d Mögetse scheint na de' Bach.
Jedes sait, es ander schwendle –
bsonders, wenn dr Grond e' Kendle.
Aber was ist s End vom Liad?
Leaset s, daß r s ennewend:
eest wenn d Epfelbööm verblüaht,
sieht ma'-n-ob se a'gsetzt hend . . .

Theire Paula! lieber Schaz!

Weil ich schir for ärger blatz,
daß du nie nicks hehren läscht
han ich denkt es ist das best,
wenn ich schreib wie gäht es dir?
Fählz veleicht am Schreibbapier,
dann kanst deiren Herschaft sagen
so vil werz amend noch tragen,
nicht daß mir ein Fremder schreibt
was mein Schaz en Stuggard treibt.

Nehmlich seid daß du em Denst
hat dich Einer wo du kenst,
sdrittmahl schon dabei vertwischt
wo du in den Kinno bist
mit eim Stenz, sogar pararm,
seller sei scheinz jetz dein Schwarm.
Falls das stemmt dann must mirs schreiben
und kanst gleich en Stuggard bleiben,
denn ich will kein Fledrenwisch,
aber deinem Stenz kanst sagen,
wenn ich den einmahl vertwisch
hoppla! dann häb s dreizen gschlagen.

Gestets han ich s Wiesle brühlet,
weißt wo du dich so verkühlet,
weil mir en dem nasse Gras
lieber Schaz, du weißt schon was,
unz ist mir ganz anderst woren,
weil ich älle Freid ferlohren,

welche du mir selt geschengt.
Das han ich beim brühlen denkt,
wodrauß du veleicht ferstest
wie du mir em Kopf romgähst.

Liebe Paula! Falz du einen
frächen Brief krihgst, brauchst nicht meinen
daß es waar ist, die Persohn
wo es schreibt die kent man schon.
Blos indem daß nach dem Sengen
ich mit der spatzihren gangen,
meint sie gleich das täte langen
zom uns auseinander brengen,
aber es ist nicks bassiert,
weil es nicks wird wenns ein frihrt.
Also glaub nicht der Zipeb,
daß ich es mit ihren häb.

Liebe Paula! schreibst mir gelt,
wie sichs mit dem Stenz verhellt.
Mir tuht s krausig nach dir ant,
diesses wär es vorderhand.
Vile Küß von sellren Wies
sendet dir

dein Alois.

---

brühlen = Jauche auf Wiesen und Felder verteilen
Zipeb = eigentl. eingeschrumpfte Weinbeere, Schimpfwort für weibl. Person

Heißgeliebter Alois!

Weil die Sach mit sellren Wies
nicht mehr kan ferborgen bleiben,
mus ich es dir laider schreiben.

Ich bin gleich zum Dokter gangen,
wo mich, vor er angefangen,
gfragt hat und ein Aug zudruckt:
»So, haz Fräulein Heffe gschluckt?«
Ja, ich sei ein bißle stark,
aber das sei nicht so arg,
hegstens gäb s im Ort ein Gschwätz,
denn Dnatur hab ihre Gsetz,
wo auch s sext Gebott nix endre.
Eine Kalbel, wenn sie rendre
und sie laß den Farren zu,
tja, dann werze halt zur Kuh,
und auf Ostern werz grad rächt.
Seither plärr ich gantze Nächt
und wirz mir alls stärbensschlecht.

Schaz! du hast velleicht Ferdacht,
daß mirs, waißt ja welcher, gmacht.
Der ists nicht, so waar ich leb,
denn ich hab ihn schlankweg gfragt
und hab gheult und gschimpft und klagt,
daß er scheinz nicht aufbaßt häb.

Heffe = Hefe

Schwätz doch, hat er gsagt, kein Bapp!
und er streitet älles ab
und er häb schon vil pussirt
aber keine angeschmihrt.
Und ists waar, weil so ein Herr
tät das nicht. Jetz ist er per.

Heißgeliebter Alois!
Also bleibz bei unserer Wies.
Das es *du* bist dießes freut
mich schon wägen manche Leut!!
Und rumohrt es schon und tuht,
als tät s nicht mehr lang drin gut,
dadran spühr und waiß ich s gwieß,
s wird ein kleiner Alois . . .

Vorderhand nicht weitersagen!
bißher waißt es nur die Frau.
Wann ich kom in virzehn Tagen
kaufen mir den Kinderwagen
sammt der Wesch in himmelblau!
Was ich mir ferspaart vom Lohn
henk ich älls an unsren Sohn –
grad den Leut zum Spott und Hohn.

Noch was fellt mir siedig ein,
must gantz liebreich mit mir sein,
wann ich kom und mach kein Gschrei,
was verbei ist, ist verbei!!!
Tausend Küß in aller Eile,
da! der Flecken stamt vom Mäule
deines ebig treien
Päule

Werthe Paula!

Habe einen
solchen frächen Schrieb wie deinen,
welcher voler Lug und Trug,
nie noch kriegt, jetz han ich gnug.

Zersten macht man Schnäckentenz
mit dem ersten beßten Stenz,
gäht in Tanzlokäl und ludret
umeinander, gschminkt und pudret –
biß bassiert ist, dadrauf haut
Seller ab, dem man fertraut.
Nacher schreibt die fein Madam
ihrem lieben Breitigamm,
zur Erennerung ans Wiesle
komm ein kleines Aloisle!

So haz komen müsen, Päule,
leg du nur dein Ostereile,
aber leg s nicht mir ins Nest,
wenn du s legen halt nicht läscht.
Erstens sind mir, gnau genommen,
unter sellem Zwätschkenbaum
auf der Wies so gut wie kaum
aneinander nangekommen.

Zweitens hast du dich geweert,
wie es rächt ist und sich ghehrt.
Dritens gähz bei solchen Sachen
nicht so schnell wies Katzenmachen,

weil du ja auf Knall und Fall
heim hast müssen in den Stall.
Darum gibz und merck dir dieß
keinen kleinen Alois!!!
Damit basta, laß den frächen
Stadtstenz für dein Kindle blechen.
Meinst, daß ich den Gutgnug mach
und sich der ins Feistle lach?
Der ist kein Schuß Bulfer werth!
So jetzt wär mein Kropf gelährt.

Was man hier von einer helt,
wo sich so gemein ferstelt,
hehrst du, wann du komst, im Ort,
darum bleibst am beßten fort!!
Liebe Paula! in der Stadt,
wo es vile solche hat,
da felt eine mehr nicht auf.
Ich gratlier noch zu der Tauf,
dann adjee! Du fendst gantz gwies
kein mehr wie dein

Alois.

Liebe Freindin Paula S.!

Ist es auch die rächt Adräß?
z Stuggart kenn ich mich nicht aus,
leb ja nicht in Saus und Praus
z Stuggart, und ferbuzz mein Lohn
und trett auf wie d Frau Baron . . .

Deine Gspihlen auf dem Land
tuht es schmertzhaft nach dir ant,
weil du nie dich sähen läscht,
nicht einmahl beim Kinderfest.
sgibt halt Omstend, wie man waißt,
wo ein Weibsbild nicht gern raist,
und du därfst ja dießes mahl
selbst eins feiren im Spital.
Aber freilich wägen *eim*
fehrt man nicht von Stuggart heim,
aber swär velleicht derwerth,
falz du wirst mit Zwilleng bschert.
Blos ists schad, der Vatter fehlt,
wie der Alois ferzehlt.

Mir hat dießer neilich gsagt,
nie, und wemman ihn ferknaggt,
nemm er eine, wo im Druck
blos nach einem Dummen guck,
und er tät sich selber dauren
und er beiß in keinen sauren
Epfel, wo schon angebickt.
So hat der sich ausgedrickt

und mich liebreich angeschaut.
Da sei eine andre Braut
seiner Paula gegenieber
ihm am kleinen Finger lieber,
sei sie auch nicht gantz so schehn.
Und wen meint er damit? Wen –
das kanst diesem Brief entnemmen,
darum laß die Hofnung schwemmen
auf den lieben Alois
und fergiß die Zwätschkenwies!!!

So das wärs, jetz kanst dran schmeken
und den Brief an Spihgel steken.
Wo mit ich denselben schließ.
Noch in aller Freindschaft dieß:
Keine, wo dir spinnenfeind,
sondern wo es erlich meint.
Und mit einem tifen Knix
grüßt dich deine
Freundin X.

Lieber Alois!

Dein Wisch
ligt bereiz auf einem Tisch,
wo eim beibringt was sich ghört
und Ferlaimder mohres leert.
Dir fergäht noch dein Ferdacht,
daß ich einem s Mensch häb gmacht!!!

Ich bin gleich zum Apfokaten
und hat dießer mir gerahten,
das sei, weil ich mich geweert,
»Stubrumm« sagt er auf gelehrt,
auch seis unkeisch, kom s im Gras
statt im Bett zur »Krawitas«.
Fräulein, sagt er, falz ers war,
mus er zalen, das ist klar,
oder in Gottsnamen halt
Hochzeit machen – aber bald!!
Zwar behaubte ein brobahter
Spruch »Inzerrtuß Sempel Pater«,
was auf deutsch bedeite, daß
auf den Pater kein Ferlaß.

---

stuprum (lateinisch) = die Entehrung, Schändung, der uneheliche Beischlaf;
gravitas = die Schwangerschaft;
pater semper incertus = die Vaterschaft ist immer unsicher.

Falz sich aber beim Gericht
rausstellt, nein, er war es nicht,
brengen mir den Burschen doch
wägen seinem Brief ins Loch.

Und er meint, daß wenn du lügst,
du so drei vir Wochen krihgst
und er einen andren find,
wo den Vatter mach fürs Kind.

Dießes hat Herr Dokter offen
mir erklärt, und kan blos hoffen,
daß auch dus ferstähen wirst,
nemlich zalen oder bürst
gleich für Dhochzeit dein Zilinder!!
Ist das auch ein Grund zur Wut,
wenn ich s Erst von unsre Kinder
mitbring als mein Heirazgut?

Lieber Alois! s bequehmst
wär s, wenn du nach Stuggart kehmst,
weil dadrüber gehört gesprochen –
aber bald! in zwei drei Wochen
komt Klein-Alois zur Welt
und ist schon das Bett bestelt.

Wenn ich ohne Antwort bleib,
sagt der Apfokat er schreib

und die Sach nemm ihren Lauf
und du komst für älles auf!!!
Denk auch daran . . . Und was dann?
wenn der Knabe schwätzen kan
und er fragt mich ohne Scheih,
wer und wo sein Bappe' sei?
Mus ich sagen: »Alois,
dießes waißt kein Mensch für gwieß«??
Überleg s dir mitlerweile;
Wenn du wüßt, wie arg ich heule . . .
Grus und (Kuß??) von deinem
Päule

Hochehrwirdiger Herr Pfarr!

Weil ich glaibig drauf beharr,
das ein rächter Sehlenhirt
seinem Schäflein helfen wird,
wo sich in der Welt verirrt,
ruf ich Herr, sieh meine Not,
Zären sind mein täglich Brot!

Dieser Brief ist eine Beicht
und ist meine Schuld nicht leicht.
Reuhe ist der Sünde Lohn –
aber langt s für d Absluzjon?

Sieh, o Herr, ich bin gefallen
in des Wiedersachers Grallen,
der in Wollußt mich ferstrickt
und mein Mätchentum gegniggt,
und der Wollußtdeufel hieß
Satan fulgo Alois!!!
Aber noch vil hunzgemeiner
hat mir s gmacht in Stuggart einer,
aus dem bairischen ein Selcher,
und jetzt waiß der Deufel, welcher?
Ob es raußkommt for Gericht
waiß der Apfokat noch nicht.
Und ist mein Ferfihrer steirisch
gleich ferduffted heim ins bairisch.

Selcher = Metzger, der sich auf Geräuchertes spezialisiert

Und der Alois sagt nein,
von dem Wiesle köns nicht sein,
sell sei nicht der Rede werth.
Davon häb er nie nix ghehrt,
daß er häb von Heirat gsprochen
und jetz tut er seit drei Wochen
keinen Mux und ich sitz da
mit der Aloisia!!!
Denn es ist ein Mätchen komen
was er scheinz in übel gnomen,
wo ich doch dem Vatter zlieb
unsrem Kind sein Nahmen gieb.

O wie lacht der Höllenfirst!
O wie tif bin ich zerknürrscht!
Aber mit dem Saltz der Trähnen
und mit reiben, seufzgen, stehnen
gäht velleicht der arge Fleck
auf dem Kleid der Unschuld weg.
Aber wer fihrt mich zurück
auf den rächten Weg ins Glück?
Ach, den Weg zum Baradieß
kent allein der Alois!!

Darum hab ich meine letzt
Hofnung auf Herr Pfarrer gsetzt.
Lasen Sie ihn eifach komen,
sagen Sie, was Sie fernomen,
häbe Sie zutod betriebt.
Eine Braut, die wo man liebt,
laß ein rächter Mensch nicht pfludren
und velleicht amend ferludren,
bsonders nicht, wenn er bedenkt,
daß sie ihm ein Kind geschenkt!

Nein, er raicht ihr seine Hand
für den Heiligen Ehestand!!
So, das sei sein Brauteksamen,
Damit basta! färtig! Amen!

Hochehrwirden! bsorgen Sie s
wie er s braucht dem Alois,
aber lasen Sie auch merken,
daß der Lohn von guten Werken
nie nicht ausbleibt, wemman gscheit,
und ich häb was auf der Seit . . .

Damit schließ ich meinen Schrieb
und sag blos noch Herr, fergieb!
Gelt, Sie tun mir den Gefallen,
wo ich als die beßt von allen
früher hab im Kirchenkor
mitgesungen wie ein Gstor
und den Katekisimus
aufgsagt hab mit Hochgenuß.

Falz es zu der Heirat komt,
dieß, Herr Pfarr, fersprech ich promt,
gibt es Kinder – einen Haufen!
welche Sie dann därfen taufen!!
Und damit ich s nicht fergeß,
Dankschehn! Ihre

Paula S.

Brautexamen = geistliche Belehrung für Brautleute
Gstor = Star

Liebe Paula!

O die Schand!
Siehsch, mir zittret jez noh Dhand
und ich kan es noch net fassen,
denn wer hat mich kommen lassen?
Unser Pfarrer, welcher spricht:
»So, Frau S., Sie wisset s nicht?«
Nein, sag ich, was ist bassiert?
Dadrauf zeigt er mir scheniert
einen Brief mit deiren Schrifft.
»Ja, s ist herb für den wo s trifft,
Ihre Paula schreibt äcksbräss
– da ist s Kannabee, Frau S. –
sie sei eines Kinds genesen
und sie wiss auch wer es gwesen,
wo sie in die Batsche bracht,
bloß Dersell kom in Betracht.«
Dieses, sagt Hochwirden, glaub er,
da sei eppes nicht ganz sauber –
häb der schöne Alois
umeinsonst bei älle Sgriess?

Mir hend älle Glieder gschlottret –
was, mei Päule hat ein Kind!
Ist mei Päule so verlottret?
O die Schand und o die Sünd!
Das auf meine alte Täg . . .
Gheulet han ich auf em Weg

---

s Grieß haben = umworben, begehrt sein

wie ein alts verlechrets Faß,
jez noh ist mei Schurz bätschnaß.
Und die Angst vors Vadders Gschrei –
o wie breng ich des ihm bei?
Und warhafftig, wienems sag,
han ich gmeint, ihn tref der Schlag:
»Himmelherrgotzackrement,
des hot gfählt – e ledigs Kend!«
Ausdrück hat er braucht, ich schemme . . .
Über *sei* Schwell kommest nemme,
müssest glei von Stuggart ruf,
Stuggart sei ein Hurenbuff.

Und als täte das nicht langen,
hat er auch mit mir angfangen:
ich sei schuld dran, denn ich häb
en dich neiguckt, seiz dich gäb.
Steht vom Tisch auf, nemmt sein Hut
und versauft em Lamm sei Wut.

Liebe Paula! Du machst Sachen
Hast denn selbigsmahl beim machen
garnicht an dei Muter denkt,
die filleicht dein Fähldritt krenkt?
Mir, wo mir noh jung sind gwesen
und noh keine alte Besen,
henz verhebt und henz verdruckt,
wanns uns pfupfret hat und gjuckt.
Dbaurenmädlen und auch Dfrailen
hend noh Schamgfiehl früher bsessen,
gopfersprich: hend Dostereilen
nicht schon am Karfreitig gessen.

Gott versprich = das heißt, damit will ich sagen . . .

Aber brauchst dir wegem Gschnatter
von de Leut und wegem Vadder
nicht so arg den Kopf verbrechen,
wenn sei Zorn und Rausch veraucht
und er hat dich zemmengstaucht,
läst er wider mit sich sprechen.
Also kom mitsammt deim Kind
und berei daheim dei Sünd.

Und von wegem Alois
sagt der Pfarrer: »lassen Sies
meine Sorge sein, Frau S.,
nägsten Sonntag in der Mess
bsorg ich s ihm in meiren Predigt,
damit ist der Fall erledigt.« –
Hoffendlich komts bald in Lauf,
daß man Dhochzig sammt der Tauf
feiren kan auf einen Schlag
und wär dies mein schenster Tag.

Liebe Paula! Dieses Lehrgeld
mus dir langen, darum hoffi,
daß du braf bleibst, wenns auch schwerfellt!
Deine liebe Mutter
Sofie.

Eine Predigt

Liebe christliche Gemeinde!
Heute gilt dem bösen Feinde,
was ich euch zu sagen hab,
weil es hierorts sich begab.
O er ist allgegenwärtig,
mit dem Stärksten wird er fertig
und ist nur auf eins bedacht,
wen er noch nicht z Fall gebracht.
Diesmal kam durch ihn zu Fall,
ach, ein Lamm aus unsrem Stall.
Diese Jungfrau, leider ledig,
ist das Thema meiner Predig.

Aber ward sie ohne Schuld
vom Versucher eingelullt?
Ja und nein, das Fleisch ist, ach,
willig und der Geist ist schwach.

Meine Lieben! Dieses Kind
war für die Gefahren blind,
welchen man es tausendfach
ausgesetzt am Nesenbach.
Eine Unschuld, gar vom Land,
kommt dort schnell aus Rand und Band,
und was bahnt den Weg zur Höll?
Seidenhöschen statt Flanell!
Dort verliert man – nur mit Gram
sag ichs – all und jede Scham.

Aufs Vergnügen bloß erpicht,
schmiert und schminkt man sein Gesicht,
raucht und macht dreiviertel nackt
nach dem Dienst auf Männer Jagd,
lockt sie mit verbotnen Reizen,
geht statt in die Kirch in Beizen,
geht ins Kino, geht auf Schwöfe,
Satans wahre Hinterhöfe,
wo s nach nichts als Unflat stinkt,
und der Mensch im Mist versinkt.

So auch jene ohne Arg.
Doch der böse Feind verbarg
sich in einem Mann, dess Ziel
nur gewesen, daß sie fiel.
Was nicht ohne Folgen blieb
und den Bräutigam vertrieb.
Heiliger Aloisius,
bring ihn ab von dem Entschluß,
sag ihm als sein Schutzpatron:
schluck s und heirat die Person!

Jetzt zu euch, die ihr so recht seid
und vom weiblichen Geschlecht seid,
die ihr lästert, höhnt und hetzt
und an ihr die Mäuler wetzt:
Keine ist, so arg sie schimpft,
gegen diese Sünd geimpft!

Nicht begehrt sein in der Jugend
ist noch lange keine Tugend,
und im Alter drüber naus sein
heißt noch nicht ins Vaters Haus sein!

Darum sag ich kurz und bündig,
mit dem Maul wird mehr gesündigt,
als mit jedem andren Teil,
wär's auch nur aus Langerweil.
Allen, heißt es Lukas, 7,
wo beim Lieben übertrieben,
ward vergeben – bsonders gnädig
Magdalena, weil sie ledig.
Zungen, wie ihr Weiber habt,
aber werden einst geschabt.

Liebe Ehemänner! Euch
macht der Unzuchtsteufel gleich,
wenn s wo blitzt von Unterröcken,
frei herausgesagt zu Böcken.
Auf dem Heubarn, auf der Wies
tut man alsdann das und dies,
was durch s sechst Gebot verboten . . .
Darum lasset eure Zoten,
Daß es euch nicht auch bassiert
bei der Magd, wo ihr verführt!

Euch, ihr Jungen, sag ich bloß:
ist der Appetit auch groß,

lasset zerst die Äpfel reifen!
Sich am grünen Obst vergreifen
schafft nur Grimmen und Verdruß:
wenn man Hochzeit machen *muß*,
kommt der priesterliche Segen
meist zu spät und ungelegen.

Richten wir an dich zum Schluß,
heiliger Aloisius,
noch geschwind ein Stoßgebet:
Bring s im Himmel aufs Tapet,
sage dort, Patron der Unschuld,
sie sei nicht an ihrem Tun schuld,
zeige, Sancte Aloisi,
unsrer armen Schwester, wie sie
aus dem bittren Mißgeschick
doch noch find' ins Eheglück!
Laß auch in der tugendsamen
Wachsamkeit sie nicht erlahmen,
bis es nicht mehr nötig. Amen.

PS

Ond wia goht se aus, dia Gschiicht?
Gottseidank et vor em Griicht:
aoser Alois, statt zahlt,
hot sei' Päule liaber gheiret.
Gestets hend se d Haohzig gfeiret,
er hot leergschluckt, sie hot gstrahlt . . .
Därf ma'n-ehm ond soll ma'n-ihre',
oder älle zwee gratliere'?
s ka' et schade': jeder Mensch
braucht beim Heire' guate Wönsch.

Haohzich

Wemma' gscheit ist, bleibt ma' ledig,
so stohts en dr Pauluspredig.
Zwische' zwanzg ond dreißge aber
sticht dia jonge Leut dr Haber
ond se wend mit Teufelsgwalt
– kö'test ne' de' Kopf rareiße' –
en dean saure'-n-Epfel beiße',
gopfersprich: se heiret halt.

Haohzich, Haohzich, descht e Fest,
so e Tag konnt et glei maih!
Glaub mrs, vo' dr ganze'-n-Aih
ist dr A'fang s best!

Aber des goht et so schnell
mit em Haohzichmache'.
Wemma' grad ao Oane hett
oder Oan, dear mo oan wött,
braucht ma' doch noh des ond sell
ond en Haufe' Sache':
z sprenget hot ma', z laufet hot ma',
z richtet hot ma', z kaufet hot ma',
ond ma' wuud e halber Narr;
romgschickt wuud ma', ploget wuud ma',
ausghängt wuud ma', gfroget wuud ma' –
schließlich ist dia Sach so weit,
daß oan en dr Kirch dr Pfarr
druimol vo' dr Kanzel gheit.

Sodele, iatz wuuds noh mit dr
Haohzich langsam Zeit.
Do konnt schao' dr Haohzichbitter;
losnet, wa-n-r sait:

»En schöne' Gruaß ond s Brautpaar läßt Euch höflich ei'lade' zu seire' Haohzich am nächste Montag em Gasthaus zur ›Sonne‹, ond se wölle's wettmache', wenn's sei' könne.«

Haohzich, Haohzich, iatz wuuds Tag!
Älls hot glei en andre' Schlag:
Älls ist nui ond aohne Mose'
vom Zylender bis uf d Hose',
vo' de Schuah bis uf d Krawatt,
älles sauber, älles glatt.
Iatz noh d He'dschich ond de' Strauß –
so, noh wär r fetig.
No, wia sieht dear Ma' iatz aus?
Anderst as am Weatig!

Haohzich, Haohzich, descht e Fest!
Bei dr Braut ist älls em Jäst,
do gohts morgneds schao' vor Tag
zua wia eme' Taubeschlag:
Älls, vor Ahne' bis uf d Dotte'
hilft dr Braut mit ziah' ond zupfe'
en de' Haohzichstaat nei'schlupfe' –
iatz isch gange', hotte'!
s ist en Omtrieb ond e Gsprang,
ond weil oane om de ander
romfuuzt en deam Durenander,
dauret älls nohmol so lang.

O wa hend se für e Kirbe
mit em Schleier, mit em Kranz!
»Nohmol Haohzich — liaber stirb-e!«
Währle, d Braut verbobbret ganz.
Seit em Feife ist se wach,
narr, se hot nonz zua se gnomme' –
gent re' nao e Gläsle Wei'
s wuud re' sust noh mageschwach!
– so, iatz guck en Spiagel nei',
iatzet ka'-n-r komme' . . .

Uf em Standesamt gohts schnell:
Ear sait: jo, r tär se nemme',
Sie sait glei: ha jo, se wöll!
Dodruf geits dr Schultes zemme':
»Wenn r enand wend,
noh gent enand d Händ.
Im Namen des Gesetzes,
iatz hetts es!
Nonz für aoguat, i gratlier!«
Fetig, ab ond naus zur Tür.

D Aihe' wend em Hemmel gschlosse',
sait ma'-n-älls, ond des ka' sei',
aber honne' wend se bosse',
sell merkst bald dehennedrei' . . .
Dorom mua'-ma', wemma' heiret,
vor ma' festet, vor ma' feiret,
zeest vor aosren Herrgott trette'
ond für d Aih om Seage' bette'.
Ond dezuana' wöllet ao
d Weibsleut ebbes z gucket hao',
weil e Haohzichzug de Leut
wochelang z verhechle' geit:

was se mitkriagt, was se a'hot,
wia se aussieht, was dr Ma' hot,
ob für ehn des e Partie sei,
wia ond wa ond wer denn sie sei,
wia se wohl ao mit em leb,
ob ma's zemmakupplet häb,
sie häb doch en andre' möge',
ond sei' Vatter sei degege' . . .

Zeest konnt d Musek, s wacklet vor
ihrem Blose's Schuretor.
Bhäb dehenter
lauft e Schwarm
Vetterles- ond Bäsleskender.
Noh konnt s Brautpaar, schö' per Arm:
blitzblank spiaglet sei' Zylender,
nobel rauscht dr seidig Rock,
ear so steif wia Opferstock,
sie so gschlecket wia e Dock!
D Gspiele' laufet päärlesweis
ao per Arm ond ao mit Sträuß.
Zwee vo' ehm ond zwua vo' ihre'
därfet s Brautpaar z Kirche' führe'.

Hentrem Brautpaar drei' d Verwandtschaft,
na'griicht ond em Sonntigshäs,
Vatter, Muater, Dette, Bäs –
bis zom letzte' Gschwistrichkend,
des koa' Mensch em Flecke' kennt.
Dia hend Gott ond Welt ei'glade:
d Nochbersleut ond d Schualkamrade'
ond de ganz Bekanntschaft.

Älls hot gucket, älls ist zfriede'
mit em Zug ond mit dr Braut,
nao ihr alter Schatz sait laut:
»D Gschmäcker send verschiede' . . .«

En dr Kirch gohts nandernoh,
d Brautleut saget nohmol: jo,
ond dr Pfarr macht über d Aih
s Kreuz ond geit de' Seage' drei'.

Ond r loht en Spruch a's na':
»So, iatz send r Weib ond Ma'.
Leabet et em Aoverstand
ond send zfriede' mitenand.
Descht koa' Konst em eeste' Monet,
do ist d Liabe noh e Gwohnet,
do ist Mögetse noh graoß;
aber freile
noch me' Weile
goht dr Weatig wieder laos.

Jeder Ma' hot seine Mucke',
jedes Weib hot ihre Täg,
ond ma' muaß e' manches schlucke',
s goht et älls de' grade' Weg.
Tend ui s Leabe'-n-et versaure',
de'ket dra': die Aih muaß daure'!
Des Gegrill ond des Getrutz
ist nonz wert ond ist nonz nutz;
des Gebefzg ond des Gebelfer
send zom Hause' schleachte Helfer;
ond des Gschempf ond des Gebruttel
wege' jedem Katzedreck
des hot grad so wenig Zweck.

Kuuz, ma' braucht e graoße Kuttel
ond e Haut wia-n Elefant,
wemma' gschirre' will mitnand.
So, ond iatz en Gottesnamen
könnet-r ge feste'. Amen.«

Descht e Woat vo' so me' Herre',
tend ui et degege' sperre',
noh wuud d Aih zom Hemmelreich. –
He, ihr Weibsleut, lend iatz s Plärre',
heut ist Haohzich ond koa' Leich!

Halleluja, iatz wärs gwonne',
Halleluja, iatz wärs gscheah'!
Aufet, Leut, ond nom en d »Sonne'«,
s wuud bald ebbes z esset gea'.
Vorher aber, s ghaöt se so,
vorher konnt dr Brauttanz noh.

Haöret-rs, se stemmet schao':
d Baßgeig tiaf ond s Geigle haoh.
s wend de Brautleut, aoverloge',
andre Soate' heut ufzoge'!
Descht e Tatsach ond se stemmt,
wia ma's nemmt . . .
Send r griicht? No spielet uf!
s Brautpaar konnt schao' d Stiage' ruf.

Grüabig ond gmach mit
  Triller ond Schnalzer,
so spielt em Brautpaar zliab
  d Musek en Walzer.
Wia-n-r se romschwenkt,
  wia-n-r se packt!

Lenksrom ond reachtsrom,
  äwel em Takt.
Guck, wia se strahlet,
  koas schwätzt e Woat,
s wedlet dr Schleier naus,
  s feagt s seide Kload;
hente'-n-am Haohzichfrack
  pfluderet d Schöß –
wia wemma' fliage' tät,
  so schö' ist des!
s Flötle dreht Juzger naus,
  d Baßgeig dia brommlet,
so gohts em Krengel rom,
  bis se schier dommlet.
Äwel noh weiter gohts,
  d Musek nemmts grendlich,
ihre' wurds hemmelblo,
  ehm isch schao schwendlich.
Gottseidank, endlich
  konnt de letzt Tuur.
Ja, so e Walzer,
  des ist e Gschur!

Mittlerweil ond doderwege'
kriaget d Festgäst lange Mäge',
ond dr Dötte zuht äll Tritt,
aoscheniert sei' Tombakzwiebel
ond sait laut: ehm seis ganz übel,
so häb ear en Appetit.

Iatz stend na',
iatz gohts a'!
D Braut hot s Woat: se bettet vor.
Wia se statzget, wia se zittret

(ond wia s Katzetischle kiddret!
'bacht, ihr elends Lompechor . . .!)
D Braut ist fetig, machet s Kreuz.
Guat isch gange' – iatz wa geits?

Zeeste' mol en Allmachtsschlag
Flädlessupp als Onterlag,
noh en schöne' Bolle' gsottes
Ochsefleisch ond dozua hot es
raote Rahne', Rätich, Kressig,
saure Gürklen aus em Essig,
geale Ruabe', Zwetschgegsälz –
des wär glaub-e älls.

Herr, wia glustets do dia Fresser,
Herr, wia romplet do dia Bäuch!
Ond mit Löffel, Gable', Messer
goht ma' deane Gompe' z Leich.
D Manne' müaßt vor guate Sache'
s Hosepreisle weiter mache'.

Mittlerweile lauft dr Wei'
schier vo' selber en se nei'.

Sodele, iatz hot ses gsetzt.
Des wär gschaffet, wa konnt jetzt?
Iatz geits Brotes ond Salot,
schöne, ghaufet vole Platte';
des ist habhaft, des ka' batte'.
Langet zua, solang s noh goht!
Ond se fuchtlet ond se zapplet
mit em Messer ond dr Gabel,
s fällt koa' Woat, s hält älls de' Schnabel,
narr, s ist glei e Schub verbabblet!

Älle schmatzget, mampfet, spachtlet,
schnabelieret, daibet, dachtlet –
haörsch, wias aosrem Dötte schmeckt?
Guate'n-Appetit, Herr Vetter!
Ond em Nu ist s Gschirr wia gschleckt,
so, noh geits guat Wetter.

Zletzt konnt Torte'; ond s ist schad,
ond s tuat älle grausig ant,
daß ma' dodevo' nao grad
noh e gozzigs Stückle bannt.
Ond wenn iatz oar sait: s häb gschmeckt,
nao d Portione' seie z bhäb,
obs bald ebbes z vespret gäb? –
descht e Saumag, mit Respekt!

Esse' trenke', ta'ze, senge',
lustig de' Mittag verbrenge' –
so muaß bei der Haohzich sei'!
D Mädlen send schao' ganz verhitzget,
d Backe' fuiret, d Äuglen glitzget,
toals vom Ta'ze, toals vom Wei'.
D Musek haalet dur de' Flecke',
ond sogar dr zittrig Ähne
ta'zet wia dr Lomp am Stecke',
grad als sei r siebe'zehne . . .

Mit dr Zeit wuuds laut ond lauter,
d Weibsleut kriaget Köpf wia Kauter,
d Mannsleut machet Allmachtssprüch . . .
s Gscheitest wär, mir ließtet etze'
aoser Haohzichgsellschaft schwätze'
ond bis z Obed onter sich . . .

s End vom Herbst ist d Sichelhenke
ond vor Haohzich d »Schenke«!
Obneds ist dr Saal ganz vol –
o was Leut ond fremde Mensche'!
Älls will Glück en Aihstand wensche',
des geit aus, des tuat oam wohl . . .

s Ta'ze' freilich, des ist baös:
ällbott haglets Rippestaöß,
ällbott tappet oam e Päärle
uf de' Fuaß en deam Gedruck,
ond dr Fra'see, dear ist währle
nao e' Rom- ond Nomgeschuck.

Obacht, Leut,
s ist a' dr Zeit:
d Braut sitzt schao' a's Tischle na',
d Suppeschüssel vor se danne',
wias dr Brauch ber »Schenke« ist.
Ond dr Bräutigam, als Ma',
stoht an d Tür mit seine Manne',
buit de Haohzichgäst »Guat Naacht«
ond geit aacht,
daß koar so zur Tür nauswischt . . .
Ond e Jeds lauft na' ond sait
zua dr Braut: »Wensch Glück en d Aih!«,
geit ere' en Batsch ond gheit
d Schenke en dia Schüssel nei'.

Älles hat emol en End,
anderst wärs et zom prestiere',
s ka' ses jeder aklaviere'
a' de oagene zeah' Fenger:

daß de guate Täg et länger
als de überzwerche send!

Überhaupt, wer iatz vom Feste'
noh et gnuag hot, seller konnt
ao en nohmol vierzeah' Stond
et uf seine Köste'.
Weleweag will d Braut ens Bett –
seahnet-rs denn et?

Iatz hots älles zmol pressant:
Jeder packt noh guatig ei',
wa-n-r grad vertwischt,
bis es Liacht em Saal verlischt.
Aus ist d Haohzich, schö' isch gsei'
»Schlofet wohl, guat Naacht mitnand!«

Bei de Brautleut haprets freile
mit em Schlofe' noh e Weile:
narr, dia jonge Buuscht, des Chor,
hend deselle, om se z foppet,
hehlinge' e Waschlafor
onters Lei'tuach gschobbet!

Dr Froleichnamstag

Schao' morgneds am faë'fe läutet ma' zemme':
»Iatz raus aus de Feadere', tät me au schemme'!
Se bloset schao' Tagwach ond trommlet oan raus –
do stoht dr Kaffee, iatz naus aus em Haus!«

So schö' hot ma' d Stadt schao' lang nemme gseah':
vo' Birklen ond Tännelen älles grea'.
Was Fahne', Girlande'-n-ond Bloamesträuß
ond Tafle', Figure'-n-ond Tannereis!
Uf älle Stroße'-n-e' Gschmack wia em Heuet
vom Gras, mo se krätteweis überal streuet.
Vom Märktplatz bis zur Obre' Bruck
konnst schier et fürsche vor Gedruck,
s ist nao e' Rom- ond Nomgepuff:
selt stellt ma' d Schualerbuabe'-n-uf.

Ond iatz gohts laos, dr Mesmer lupft
sei' Allmachtskreuz en d Haöh ond stupft
d Menstrante': »Auf, lend d Fahne' flattre'!
Ihr Buabe', haöret uf mit Schnattre'.«
Dr eest maschiert e' ganzalloa'
vor älle draus: e' Gsiicht aus Stoa',
en gwichste' Bart, e' Bickelhaub
ond weiße Hä'dschig mit Verlaub:
dr Bolezei! *Vor* Kreuz ond Fahne'
därf dear de' Weag em Bischof bahne'.
Wia fahret iatz dia Rosekränz
aus Hosesäck ond Schwalbeschwänz!
Dr Felle bettet vor ond billt
wia Spitzerhondle, wenn r schilt.

Noh kommet d Mädlen, saubre Docke',
mit Schloafe', Kränzlen, brennte Locke',
mit gstärkte Kloadlen, weiße Schuah –
bei deane gohts viel bräver zua:
se streut Blöamlen, senget ond
e' Schwester macht de' Schäferhond.
Sechs ältre, graößre, extra schöne –
i schätz se om de siebezehne –
dia traget uf me' Stangegrüst
ond gucket et noch hott ond hist,
als sei des ebbes streng Verbottes,
e' Gipsfigur vo'r Muater Gottes.
O Susann, s goht mr et reacht ei':
e' so bravs Mädle seiest gsei'? . . .
Noh frömmer schiergar konnt dernoh
dr Jongfrebond en Weiß ond Bloo;
dia send em Bette' bsonders fleißig –
eest reacht deselle über dreißig.

Ond noh, ma' muaß et froge' wer?
konnt d Musik vo' dr Feuerwehr.
Dr Dirigent, dr Moritz Bengel
mit Backe' wia Posaune-Engel,
loht Triller naus, des hiacht ganz schrill,
ond bloset, was zom Raohr naus will.
Dr Kirchechor beim beste' Wille'
ka' dia Trompet et übergrille'.

Zum eeste'-n-Evangelium
gohts über d Bruck ge Egne' nom.
Selt hot ma'-n-en Altärle baut
aus Bloame', weiß ond geal ond raot.
Dr Bischof stellt d Monstranz druf na'
ond räucheret ond bettet a'.

Ganz dusma' sengt dr Kirchechor
em Herrgott s ›Tantum ergo‹ vor,
e' Haierle liest aus dr Schrift
e' Stell, mo s heutig Fest betrifft.
Ond zletzte' kriagt ma' noh de' Seage',
ond älles knublet na' derweage'.
Do machts uf oa'mol Bom! Bom! Bom!
wer fremd ist, moa't, e' Wetter komm –
ja, d Artillrie vo'r Bürgerwach
ist heut mit Leib ond Seel ber Sach!

Ond weiter gohts, s maschiert verbei
dr Gselle'-, Gwerb- ond Turnverei',
dr Zitherklub, dr Schützebond
ond d Lehrerschaft, dr »Frohsinn« ond
als nobelster dr »Liaderkranz«
ond als de letzte, ganz am Schwanz,
mit Blechlen ond mit Schirm d Vetrane' –
ond älle, älle mit de Fahne'.

De uralt Urbesbruaderschaft
leabt s Sprichwort vor, dr Wei' gäb Kraft.
Do guck: zwoa' Dutzed gstandne Manne'
(drei Liter wuud e' jeder banne')
em Brotesrock; dr Stamm devo'
verlupft se schier am Schutzpatro',
am Heilige' Urban mit dr Traub
(sell ist e' Bapst gsei', wia-n-e glaub).
r wacklet uf seim Gstell — no jo,
wenn dear et weifle' därf, wer noh?

Em Schritt ond Tritt konnt d Bürgerwach –
do soll ma' bette'? so e' Krach!

Des Tschinderätätä Tschingbom,
des gheit jo älle Heilige om.
Se könnet spiele', was se wend,
s wuud älleweil e' Marsch am End.

Am schö'gste'-n-ist dr Schelleboom,
noh heut verkonnt mr dear em Troom:
dia Glöcklen — guat zwoa' Dutzed sends –
ond selle weiß ond raote Schwänz . . .
    Ond noh mit blankem Sarras
    em Stechschritt wia beim Barras
    dr Hauptma' vor dr Fah' –
    e' Mannsbild vo' me' Ma'!
Dehenter, voler Stolz au sie,
wia Bleisoldate' d Kompanie.

Ma' hält; ond wieder tuats Bom! Bom!
beim zwoate'-n-Evangelium.
s macht warm, ma' schwitzt beim Weiterrucke',
ond en dr Sonn wuuds Gras schao' trucke'.

Wer send de nächste? D Schwestre' sends;
se knopplet a' de Rosekränz.
Dia fruuts, des därst mr blendlengs glaube',
ganz gwiß et onter ihre Haube'.

Ond iatz em Chorrock ond Ornat
ruckt a' dr schwäbisch Kirchestaat:
zeest d Haierlen vom Seminar
ond noh d Kaplä' ond noh d Vikar
ond d Pfarrer ond em letzte' Drittel
de haohe Herre' vom Kapitel.
Se traget Keeze' en de Händ,
vo' deane d Hälfte nemme brennt.

E’ Toal sengt nom, e’ Toal sengt rom
– ma’ hoasts e’ Responsorium –
lateinisch, weil dr liabe Gott
Lateinisch halt am liabste’ hot.

Fürs Hauptstuck bei dr Prozessio’,
mo iatz konnt, gilt e’-n-andrer To’:
s wuud mäuslestill, e’ silbrigs Gschell
verköndt de Leut ganz fei’ ond hell,
daß iatz es Allerheiligst komm.
Ond älle Gucker knublet fromm
en Stroßestaub ond faltet d Händ
vorm Leib des Herrn em Sakrament.
Des zwengt, ond wärs ne’ noh so nui,
sogar de Luthrische uf d Knui.
Menstrante’ schwenket s Weihrauchfaß
ond schellet aohne Onterlaß,
ond ontrem Hemmel trait d Monstranz
dr Bischof selber – eme’ Glanz
vo’ Gold ond Stoa’, als fiel e’ Strahl
vom Hemmelreich ens Neckertal.

Schao’ wieder hält ma’ – Bom! Bom! Bom! –
am dritte’-n-Evangelium.
Nao schad, daß ma’ vo Kopf bis Fuaß
vom Bette’ gar so schwitze’ muaß.

Zu guater Letzt, em graoße’ Haufe’
därf mit, wer grattle’ ka’ ond laufe’.
Zeest kommet d Manne’: jonge Leut
vermischt mit Alte, wia ses geit.
Wia aus em Schächtele e’ Geck
lauft neabem Ähne mit zwee Stöck
ond neabem Rollekopf e’ Glatze.

En Haohzigröck – ma' moa't, se platze –
dr Ulmer, Vollmer, Saile, Norz,
dr Schiebel, Stemmler, Stier ond Storz.
Au dear, mo faë'fe grad sei' loht
ond nao äll Johr ge beichte' goht,
ist heut debei — morom rs tuat?:
vielleicht seis doch für ebbes guat . . .

Sogar beim Weibervolk tend heut
de Bessre so wia anderleut.
s ist älles durenander gmischt:
de oane senget »O mein Christ«
(send *dia* ber eeste' Stroph em Text,
noh plärret selle schao' de nächst);
de andre leiret d Litanei –
des ist e' schöne Betterei!
Ond dia zwua tuschlet voler Spott:
»Wa dia wied für en Huat uf hot!«
So zottlet se mit lange Röck
durs trucke' Gras – des stäubt wia Dreck.
Zom letzte' Mol tuats Bom! Bom! Bom!
beim vierte'-n-Evangelium.
Vo' do, gottlob, ists nemme weit
en Domkirch – s ist au höchste Zeit.

Wia kühl ists do noch dere' Hitz!
Ma' pfloa'tschet uf de' nächste' Sitz.
Dr Kirchechor konnt nohmol dra':
r stemmt es ›Halleluja‹ a'
ond grillt ond kräht en oam Trom fott.
Ond nochher sengt ma' ›Großer Gott‹,
dr Bischof geit de' Wetterseage'
ond bettet om e' bißle Reage'.

Ond d Orgel loht paar Triller naus,
ond noh ists aus.

s wär Zeit iatz zom Esse', nao d Weibsleut stend
ber Kirch omenander ond fendet koa' End
mit ihrem Gsalbader ond Gschnader ond Gschetter.
Do tuat es uf oa'mol en dondrische' Schlag;
des ghaört zo deam Fest: käm heut et e' Wetter
noh wärs jo koa' reachter Froleichnamstag.

Niedernauer Idylle

Beim Vortrag dieses Gedichts
im gehobenen Schwäbisch der Gebildeten
befleißige man sich des reinsten Hochdeutsch,
dessen ein Schwabe fähig ist.

»Gehet mr über d Altstadt, Babbe,
oder durch d Dölle?«
D Frau Notar verschneidet debei
de' knusprige' Brate' –
Kalbsbrust, wie emmer am Sonntag, gibts
und hausgmachte Nudle'.
»Über d Altstadt«, sagt der Notar,
»auf zwei habes ausgmacht.
Drecklet net rom mit Spüle' und A'zieh',
machet euch fertig!
Kerle und du, du nimmst de fei' zsamme'
und bist mr net vorlaut!«
sagt er zum Karl, seim Buabe'; freilich
beim Mariele braucht es
solche Ermahnunge' net, denn s Mariele
geht scho' in d Tanzstund.
»Mamme«, ruft se und pfupferet ganz,
»s ist Tanz auf em Rase' –
hast mr mei' Hellblaus bügelt?
s Hellblau gfallt em am beste' . . .«

Also geht mr mit s Oberinspekters
und ihre zwei Mädle'
– au der Viktor darf heut mit und
s Bäsle aus Stuggart –
über de' Wöhrd und nauf
s Statione'wegle zur Altstadt;

d Herre' voraus: der Notar
    in der weiße' Weste, de' neue'
Panama auf, der Oberinspekter
    im lüsterne' Schwenker,
Schritt für Schritt, und beide d Hand
    mit em Stock auf em Rücke'.
Viel zu pomadig für unsere Backfisch,
    die möchtet scho' dort sei' . . .
D Göschle' laufet wia gschmiert und jede denkt:
    hoffentlich kommt er!
Aber die Buabe, bald vorne', bald hinte',
    springet de Bläule'
oder de Krautscheißer nach
    und lasset die Müttere' rufe'.
s Wetter macht warm, da schwitzet au Schlanke
    – und vollends d Notarin!
Aber sie schaffts, und wenn se au schnauft
    wie e' Lokomotivle.
»Wilhelm«, ruft se und schwingt
    ihren seidene', rosakarierte'
Sonneschirm, »Wilhelm, tu langsam!
    – Wißt Se, mei' Herz, Frau Inspekter.«
– »Ja, mir ist nimmer de Jüngst,
    i sags als zu meine zwei Mädle':
Mädle', in meine Jahr springeter,
    sag i als, nimmer!« –
Obe' im schattige' Waldweg,
    wemmer net grad über Wurzle'
stolpret, lauft mr wie auf em Teppich
    im bessere' Zimmer.
Ach und die Luft! nach trockenem Moos
    und harzige Tanne'
schmeckt se würzig und warm und heimlich,
    meint mr, nach Erdbeer.

Kurz vor em Dorf verschnaufet die Herre'
    und knöpfet im Warte'
d Westene' zu und wischet sich Krage'
    und Hals mit em Sacktuch.
Dann, mitenander, geht mr ins Bad,
    wo alles scho' vollsitzt,
wo mr d Hand nimmer wegbringt
    vom Hut vor lauter Bekannte.
»Au, se sind da! i seh ihre Kappe'.«
    s Oberinspekters
Klärle wirds grün vor de Auge',
    se schwärmt doch so arg für d Westfale'!
s Mariele freilich hört nix,
    se spickt zum Katzebach nüber:
dotschige rote Büchsiermütze'
    trinket dort Bowle . . .
»Isch hier noch frei? Erlaubet Se? . . .
    Fräulein, zwei Viertele' Rote',
sechs Portione' Kaffee
    und sechs Stück Haselnußtorte' –
halt! und zwei Limonad, e' gelbs und e' rots,
    für die Buabe'.«
Bis mr sich über de' Tisch tituliert
    und enander begrüßt hat,
wirds im Paviljo' drübe' lebendig:
    d Musik hat sich ei'gstellt.
Gmächlich packet se d Instrument aus,
    d Note' und d Ständer.
Einer, s Geigle zwische' de' Schenkel,
    zieht noh e' Sait auf,
nebe' ihm schmiert en andrer
    wie wütig sein Boge', e' dritter
schält aus em Wachstuchfuttral
    de' riesige' Bauch von re' Baßgeig.

Aber der Klarinettist probiert e' paar Triller,
des dudelt
– dideldu! – naus ins Tal und fahrt
de Mädle' in d Füß nei'.
D Müttere', wie auf Kohle',
als wäret se selber noh ledig,
machet en Überschlag,
ob au Studente' gnug da sind,
oder musteret d Kleider von andere
Mädle'; inzwische'
langt der Karl s Limonad und spritzt
beim Aufmache' d Hälfte
über sei' weiße Matrose'blus nonter,
der elendig Lausbu!

»Komm mr noh heim!« – Zum Glück
fangt d Musik a', überall springet
Tänzer auf an de Tisch und
angaschieret zur Polnäs.
Gottseidank, daß er kommt,
weil s Mariele beinah verbobbert:
»Darf ich bitten, gnädiges Fräulein«,
sagt er, sei' rote
Kapp in der Hand, »wenn Frau Mamma
es gütigst gestatten?«
D Frau Mamma ist im Glück, sie könnt
net freundlicher nicke',
ärger net strahle', wenn er sie selber
zum Tanz angaschiert hätt.
Au em Klärle sei' Herr, der Fuchsmajor
von de Westfale',
kommt und holt se, und au de andere
bleibet net sitze'.

s ist e' Bild zum Male': die duftige
Kleidle', die Mütze'
auf den sonnige' Rase' gsprenkelt
wie farbige Tupfe',
schwarze Tanne' dehinter und
drüber e' blitzblauer Himmel!
Wie se so tanzet und s Tal bis nauf
zu de oberste Gipfel
laut widerhallt von Pas-de-quatre
und Polka und Schottisch,
seufzt d Frau Oberinspekter:
»Ach, mr sollt nohmal jung sei'!«
Aber ihr Mann sagt: »Buabe',
jetz dürfeter bißle ge schaukle'.«
– »Papperlapapp, Frau Inspekter, mr nehmets
noh auf mit de Junge«,
meint der Notar, »mr tanzet nachher
mitnander de' Fra'see!«
– »Sie, Frau Inspekter, wer ist denn
der junge Mensch bei dr Gertrud?
Ist er net Kaufmann? I mein, er hab me da
neulich bedient wo . . .« –
»Aber ich bitt Sie! Wo denket Se hi'?
Der ist Altphilologe.«
– »So? Des hätt i mr net dacht,
weil er kei' Band und kei' Mütz hat.« –
»s muaß au solche Studente' gebe',
net allei' Schwitjehs,
wo bloß Geld verjublet und meinet,
sie seiet was Bessers,
weil se en Schmiß im Gsicht und
rote Dotschkappe' habet . . .«
– »Meiner kommt emol net in e' Schlagende,
dem tät i helfe'.« –

»s hat noh Zeit, Herr Inspekter.«
Mit ganz verhitzgete Backe'
kommet jetzt d Mädle' vom Tanz,
und alle schwätzet auf ei'mal,
bis mr drübe im Paviljo' s Zeiche
zum Fra'see trompetet.
»Haltet Se Wort, Herr Notar?« –
»Ja freilich, Frau Oberinspekter.«
s fehlt noh e' Vis-à-Vis. »Wie wärs,
Frau Notar, mit meim Eugen?«
Der verschrickt in de' Tod, mr ist doch
schließlich Beamter . . .
Aber was will er denn mache',
wo er bereits der Notarin
ihren mollige' Arm – und netemol
o'gern — in seim spürt?
»Kommet Se noh, i weiß, Se waret
net immer so schüchtern.«
Also legt er – schad drum! –
sei brennende Zigar aufs Teller.

Paarweis stellt mr sich auf,
in Reihe' gegenenander,
einer steht in der Mitte und schreit
und tut und will ordne'
und ist drin wie der Nusse'ma',
wie mr früher als gsagt hat.
Jetz bei de übermütige Takt
aus der »Lustige' Witwe«
gehts auf em Rase' los mit
Mütze'schwenke' und Knickse',
Komplimentiere', Verbeuge' und
Kopfnicke' rüber und nüber.

Chassez! Croisez! Changez les dames! –
    Mr muß bei der Sach sei',
will mr net alles verwechsle'
    wie der Oberinspekter:
statt der Notarin nimmt er auf ei'mal
    en Backfisch am Ärmle!
Nachher am Tisch verzehlt se,
    des hab r natürlich mit Fleiß toa' . . .
Aber ihr Mann, der Notar,
    scharwenzelt trotz eme' Junge'
um d Inspekterin rum und
    faßt se kecklich um d Tailje',
hält aber s Tasche'tuch hi' aus
    Angst, er könnt se verschwitze'.
»Wilhelm, langsam! Tu net so arg,
    de' kriegst noh e' Schlägle!«

Später wird gvespert: Edamer gibts und
    Schweinsfuß und grauchte
Ripple': kaum en Bisse' drucket die
    Mädle' gschwind nunter,
s könnt ehne' Wunderwas in der Zwische'zeit
    nausgehe' – schrecklich!
Aber de Alte schmeckts, die
    haltet sich mehr ans Solide.
Langsam wachset d Schatte' im Tal,
    es geht auf de' Abend.
Drobe' der Waldrand glüht und
    glostet in feurige Farbe',
und im Bühnefensterle funkelts,
    als tät es drin brenne'.
Ältere Dame' in Schals und würdige
    Herre' – s sind Kurgäst –

machet sich etwas Bewegung, bevor mr
zum Nachtesse' läutet.
Kühl und säuerlich kommt vom
Katze'bach rüber e' Lüftle.
»Eugen, s wird frisch, mr muß allmählich
ans Heimgehe' denke'.«
– Jetz scho'? Bloß e' einzige Tour noh,
bettlet die Mädle',
bis mr Gottsname' halt nachgibt.
»Mr gucket derweil nach de Buabe'.
Kommet Se, Frau Notar!« – Se gehet
mitnander auf d Suche
nüber zur Schaukel: weit und breit
kei' Karl und kei' Viktor!
Au beim Puppe'haus sind se net,
wo möget se stecke'?
Schließlich findt mr die Kerles
– wo meinst? – am Katze'bachufer,
dreckig und naß von obe' bis unte'.
– »Guck emol, Mamme',
guck doch, e' Wasserrädle, paß auf,
mr lassets gschwind saue'!«
Aber die Müttere' möchtet am liebste'
in Bode' versinke'.
»So eim de' Sonntag verderbe',
du o'gezogener Lausbu!«
jammert verzweifelt die ei', de ander
schimpft ihren en Dreckspatz.
Beide putzets debei, so gut s ebe' geht,
mit em Spitze'-
tasche'tüchle vom Gröbste'
– der Vatter wirds eine'weg merke' . . .

D Herre' habet scho' d Hüt auf und wartet,
mr kann also gehe'.
In der Sonn ists noh warm,
se blendet grell in de Auge'.
»s Wetter hält sich«, sagt der Notar,
»s hat Schäfle' am Himmel.«
– »Ja, und der Rauch geht nauf.« –
»I brauchs, i hab morge' mein Waschtag.«
Drinne' im Wald wirds merklich kühler,
mr fröstelt e' bißle:
»Mädle', habeter eure Mäntel?
mr holt sich oft leicht was.« –
Hänget de Alte bloß darum jetz
ei' bei enander? – Vom Bad rauf
hört mr noh immer Tanzmusik spiele',
bis mr am Waldeck
vorne' im Neckertal abbiegt –
da ist se auf ei'mal verklunge' . . .
Bloß die Mädle' höret se noh –
se höret noh s Flötle,
höret noh d Geig, s Klarinettle und Brummbaß
und Cello und Piston,
wenn der Inspekter längst scho' Holz sägt
mit schnarchigem Mißton.

s Wegge'taler Kripple

1
Es ist am Heilig Obed gsei',
dr Luft hot grausig blose',
soweit ma' gseah' hot – Eis ond Schnai,
ond wia ausgstorbe' d Stroße'.

Paar Schäfer hocket steif ond kromm
mit pfanne'bloe Aohre'
bei ihrem Pferch oms Fuier rom –
se send schao' halb verfraore'.

Em Städtle dob, en Bethlehem,
ist älles still ond fei'ster . . .
»Wenn iatz«, sait Oar, »s Christkendle käm
ond froge' tät: wa waö'scht dr?«

»I möcht en ganze' Maltersack
vol Kreuzer, tät e sage'.«
– »Ond i e' Päckle Schnupftabak
ond ebbes Warms en Mage'.« –

»I wött e' warme Pudelkapp.«
– »Ond i en Speck, en fette' . . .« –
En Alter bruttlet: »Schwätz koan Papp,
zo arme Leut konnts ete'.«

Uf oamol sprenget d Schof durnand
ond drucket se en d Ecke',
ond d Hond send außer Rand ond Band
ond stellet d Hoor vor Schrecke'.

Ällsomer glitzget zmol dr Schnai,
ond d Steane' kriaget älle
en weiße' Hof wia-n Heilge'schei',
ond s ist e' graoße Helle.

Dia arme Schäfer schüttlets ganz
– s send sust heazhafte Manne' –,
koa' Wonder: s stoht en volem Glanz
en Engel vor ne' danne'!

Der Engel sait: »Verschrecket et,
s ist Ui e' Glück a'gange':
s Christkendle hot en Ei'seah' ghett,
s loht arme Leut et hange'.«

Ond glei druf haalet übers Feld
en Orgle' ond e Senge' –
vo' älle Kirche'chör der Welt
täts koar so fetigbrenge'.

Dia Schäfer send noh ganz eweg:
s ist also doch noh komme'!
Noh nemmet se ihre Dudelsäck
ond lend se ghörig bromme'.

Ond stolperet durch Schnai ond Wend
ond suachet noch em Kendle
ond brenget ehm mit steife Händ,
so guat s halt goht, e' Ständle.

2
E' Schofstall so ärmlich, so eng ond so klei',
mit Naot goht en Ochs ond en Esele nei'.

Em hülzerne' Kripple uf Heu ond uf Straoh,
do leit es ond strablet ond lachet so fraoh.

Maria sitzt bei-n-em ond wiagets en d Ruah
ond deckts mit me' bowüllene' Kopftüachle zua.

Dr Josef schleecht Fuier mit stärrige Händ
ond kochet e' Süpple, e' Breile em Kend.

Ond d Naacht ist so still, ond neamed ist wach,
nao d Steane' am Hemmel glitzget durchs Dach

wia Christboom so hell ond so klar wia Kristall –
iatz knublet vors Kripple: s ist Weihnächt em Stall. . .

3
De Heilige Drui König aus Morgeland,
dr Kasper, dr Melcher, dr Baltes,
hend Roß ond Kamel ond en Elefant
mit me' Glöckle am Rüassel – dear gfallt es!

Mo goht dr Weag ge Bethlehem nom?
Se froget Stadtleut ond Baure',
se froget em ganze' Ländle rom,
se könnet oan währle daure'.

Se froget sogar beim König a',
beim Judekönig Herodes.
Dear stellt ehne' altbachene Sprengerlen na',
e' Krüagle Most ond en Brotes.

Se wölle en Bsuach mache' z Bethlehem
ond häbe de' Weag verlaore'.
»Ond därf ma' froge', ihr Herre', bei wem?«
Dr König Herodes spitzt d Aohre'.

De Heilige Drui König lend d Katz aus em Sack,
de aoschuldige Kender müaßts büaße' . . .
Ond katzefreundlich sait dear Schlawack,
se solle ao z Bethlehem grüaße'.

Se saget Adje ond ladet wied uf,
de' Weihrauch ond s Gold ond d Myrrhe'.
Ond zmol schreit dr Baltes: dr Stean, gucket nuf!
Iatz ka' ma' se nemme verirre' . . .

De Heilige Drui König folget seim Schei',
dear Stean hot ebbes z bedeute'!
Se machet et Halt ond se kehret et ei'
ond juzget ond senget em reite'.

Zmol über me' Stall vergruabet dr Stean,
se freuet se schao' wia Kender . . .
En alter Ma' mit re' Stall-Latean
konnt raus ond froget: »Wa wend r?«

»Mir send dia Drui König, dr Stean hat aos gsait,
do henne' tätet mrs fende' . . .«
– »So«, sait dear Ma', »descht aber e' Freud,
iatz kommet nao rei', i will zende'.«

Se fendet e' nackets Kendle em Straoh,
s hot etemol reachte Wendle',
sei' Muater, e' bildschöne jonge Frau,
sitzt bei-n-em ond gwärmet em d Händle'.

Ond ist ao des Kendle noh so arm
ond muaß eme' Schofstall wohne' –
de Heilige Drui König wud s Heaz ganz warm,
se lupfet ganz fromm ihre Krone'.

Ond leget ens Kripple nei' ihre Präsent,
ond s Öchsle und s Esele brommet.
De Heilige Drui König faltet d Händ
ond senget »Ihr Kinderlein, kommet«.

4

s hot et lang ghebt, des Glück em Stall:
paar Täg druf hoaßt es Knall ond Fall,
se müaße samt em Kendle
schnell fott ond aus em Ländle.

Deam Judekönig sei des Kend
e' Doan em Aug ond wenn rs fend –
Gnad Gott noh Kend ond Muater!
Herodes sei koa' Guater . . .

Ist des en Elend ond e' Kreuz,
iatz müaßt se fott, ond dusse' schneits!
Se packet guatig zsemme',
viel hend se et zom nemme'.

Maria uf em Esel dob
(s Kend ontrem Ma'tel schloft gottlob),
dr Josef a' me' Stecke' –
so gehnd se naus zom Flecke'.

Se wattet tapfer dur de' Schnai
berguf, berga ond querfeldei';
dezua'na', daß se frieret,
konnt d Angst, de' Weag z verlieret.

So kommet se a' d badisch Grenz.
Dr Josef schnaufet uf: »Mr hends!«
Maria aber lachet:
»Pst! daß mrs et verwachet!«

Arms Würmle, o wia wuud drs ao
bei selle fremde Mensche' gaoh'?
Komm wieder gsond ond lebig,
Herodes lebt et ebig . . .

Ao'vergesse'

Hao'-n-i als Kend en Riebel Brot
verdorbe', hot mei' Muater droht:
»Des ißt mr du, dir komm e gaoh'!
Du ka'st koa' Brösele wachse' lao'.«

Se ist et fromm gsei' ond et bhäb.
Ond trotzdeam hot, so lang e leb,
en frömmre' Spruch koa' Pfarrer tao':
Du ka'st koa' Brösele wachse' lao' . . .

Zua mir selber

Haör iatz uf mit deim Gedudel
uf dr Mondharmonika,
machst de jo zur Gaudenudel
uf em Weag noch Sülche' na!

Wohr isch, uf mein Goschehobel
ist em Hemmel neamed scharf;
iatz probier e, fromm ond nobel,
s Halleluja uf dr Harf . . .

D Engel *senget* s Halleluja,
koar, mo krächzet, kräht ond grillt;
s mei' goht selte'-n-aohne Pfui! a –
Konststück, selle send druf drillt!

Sülchen = Friedhof in Rottenburg
(siehe auch Seite 173)

Sodele

Des wärs, iatz hemmers gschaffet,
lang gnuag en Spiagel gaffet.
Ond weam sei' Spiagelbild et gfellt,
weil ear sei' Gsiicht für schöner helt –
am Schliff vom Glas leit et dr Bschiß,
dra' schuld send seine Muckeschiß.

Adjee!

Be'-n-i mol nemme do, ihr Leut
– noch Salomo hot älls sei' Zeit –
wärs schö', wenn Oane sage' tät:
»Iatz merk es, was e an em ghet.«

Velleicht sait mancher ao am End,
mein ›Schwobespiagel‹ en de Händ:
»Wa hend er denn? dear lebt doch noh –
wenn ao en anderer Fasso'.«

Worterklärungen

A

a'hébe' = allmählich, endlich
Ahsel = Achsel
Aih = Ehe
ällbott = alle Augenblicke
ällsomer = rings umher
ane = vor sich hin
Anke' = Nacken
anttun = Heimweh haben, leidtun
Ao'muass =Unruhe
ao'selig = unruhig, nervös
ao'zge' = ächzen
Äschesupp = Erbsensuppe
äwel = alleweil, immer

B

baale' = Ballspielen
baatsche' = schwätzen
babble' = plappern
bäffe' = bellen, kläffen
Bagenge' = Schlüsselblumen
Balle' = Rausch
Baassleta' = Zeitvertreib
Beete' = viereckige Kuchen
befzge', befze' = laut maulen
auf Beit = auf Borg
bhäb = dicht, eng, knauserig
Bibberlen = junge Gänse
Bir = Birne
Blaihe = Blahe
Blätz = Flicklappen
Bless = Rind mit Stirnfleck
bockle' = poltern, rumpeln
Bosse' = Bauernhalbstiefel
bosse' = gebüßt
bowülle = baumwollen
bräagle' = vor sich hinbrutteln
Buabespitz = Schupfnudeln
Bühs = Büchse
buit = bietet
Burlen = Possen
Burgunder = rote Rüben (Viehfutter)
Butelle = kleines Weingefäß aus Glas

D

dachtle' = auf den Kopf hauen
daibe' = kauen, wiederkäuen
Dämpfer (einen geben) = einen mit Worten ducken
Deetz = Kopf
Denge = weibliche Form von Ding, verächtlich für eine Frau
denne' = darin, drinnen
dieseme' = flüstern
Dippel = dummer Kerl
dipple' = gehen, wandern
Dock = Kinderpuppe
döbe' = toben
Domme' = Daumen
dommle' = taumeln
Dope' = Pfoten
dosse', döse' = schläfrig sein
Dötte, Dotte' = Pate, Patin
Dotsch = Pfannkuchen
Drallewatsch = ungeschickter, langsamer Mensch
drille' = drehen, bohren
Duck = bösartiger Streich
dudle' = blasen, auch trinken
Dull = Dohle, verächtlich für geschwätziges Weibsbild
dusma' = sacht, leise
duss, dusse' = draußen

E

ebber, ebbes, ebbnets = jemand, etwas, irgendwo
ehnder = eher
Esper = Esparsette, span. Klee

F

fearnd, fearndig = vorjährig
fra'schma' = freiweg, ungeniert
Fra'see = (Français) Kontretanz
Füdle' = das Hinterteil

G

gäble' = reizen, foppen
Gäder = Handgelenk
gäge' = etwas neigen
Galle = Dummkopf, Simpel, Narr
garre' = knarren
gattig = hübsch
gautsche' = schaukeln
Gebäbber = leeres Geschwätz
Gebäfzg = Geschimpfe
geist = gibst
Geit = Ente
Gerstle = Geld, Vermögen
gests, gestets = gestern
gheie' = werfen, reuen, sich ärgern
giefe' = keifen
gilfze' = schrill schreien
Gispel = überspannter, eingebildeter Mensch
glitze' = glänzen, glitzern
Glufemichel = kleinlicher Mensch, Pedant
Gluste' = Gelüste
Goge' = Tübinger Weingärtner
Gölt = großes Holzgefäß
Gompe' = tiefe Wasserstelle, tiefe Schüsseln
gotzig = einzig
Gra' = (grand) verstärkende Vorsilbe
gräabe' = bekümmern
Gräch = Raum unterm Dachfirst
grattle' = mühsam gehen
Grend = Kopf
gruabe', vergruabe' = ausruhen
Grüftel = Schimpfwort für kleinen schwächlichen Menschen
gruppe' = kleinlich sparen
Grust = wertloser Kram
Grustel = altes Frauenzimmer
Gschleck = Küsserei
Gschnas = Geschwätz
Gschur = Schererei, mühsame Arbeit
Gstor = Star
guatig = hurtig
Guck = Papiertüte
Gugommer = Gurke
Güh = Grillen, Hirngespinste, Hochmut
Gülle' = Jauche
Gutslen = Weihnachtsgebäck
Gwülk = Gewölke

H

Haierle (Herrle) = kathol. Pfarrer
haögst = höchst
Häs = Kleidung
Hättel = junge Ziege, leibarme Weibsperson
heats ond deats = hier und dort
Hedschig = Handschuhe
hehlenge' = heimlich
Hemmel = tragbarer Baldachin bei Prozessionen
hiache' = tönen, schallen
hoalich = heimlich
honne' = hier unten
hudle' = übereilt, oberflächlich etwas tun
husse' = außen, heraus

I, J

iatz, iatzet = jetzt
Ipser = Gipser
Jäst = Aufregung, Eile, Zorn
Jomer = (Jammer) Heimweh

K

Kaff = verächtlich für Dorf
Kanzel (vo' dr Kanzel gheie') = das kirchliche Aufgebot
karre' = miteinander auskommen
Kauter = Truthahn
Kear = Keller
Kehner = Dachrinne
Kemmigfeager = Kaminkehrer
kiddere' = leise lachen
Kirchedusler = Aufpasser in der Kirche
Kirchesteiperer = Mitglied des Kirchengemeinderats
Klag (en dr Klag laufe') = Trauerbrauch der Angehörigen hinter dem Sarg
Klenke' putze' = betteln
Klob = unhöflicher, grober Kerl
Klobe' = Tabakspfeife
Klompe' = Bonbons
klöpfe' = knallen
Klufe' = Stecknadeln
knaizle = etwas mit Widerwillen essen
knupple' knopple' = an etwas herumfingern
knuble ' = knien
knütz = abgeschlagen, durchtrieben, pfiffig
Kog = Aas, Schimpfwort für Männer
konig = sauer, zu Essig gewordener Most und Wein
Kopper = eigentl. Aufstoßen; Rülpsen; Armenhäusler
Kosel = Muttersau, Schimpfwort
Krangel = (Gerangel) Umtrieb
Krattemacher = Korbmacher, Schimpfwort
Kratzete = Eierhaber
Krengel = (Geringel) Kreis
Kromets = Jahrmarktspfennig
Krott = aufgewecktes kleines Kind
Kuchebuddel = Küchenmagd
Kugelfuhr = ausgelassenes, mutwilliges Treiben
Kürbs = Kürbis

L

lenze' = nach etwas hinschielen
leschär = (leger) umgänglich, leutselig
läbbere' = langsam laufen von Flüssigkeiten, mit Wasser spielen
laiche' = verjagen
lätz = falsch, unrecht
Leichesäger = Leichenbitter
losne' = lauschen, horchen
luck = los
Luppel = aufgeworfenes Maul
Luse = Freiheit, Lust zu etwas

M

Maidia = scherzhaftes Schimpfwort für abgeschlagenen Menschen
mampfe' = mit vollen Backen kauen
maoze', maozge' = lamentieren, jammern
maschugger = meschugge
migge' = das Fuhrwerk bremsen
moane' morge' = morgen früh
Möckel = dicker, harter Kopf
Mose' = Flecken
motze' = im oder mit Wasser panschen
muschber = munter, lebhaft

N

Neaber = Eber
nonz = nichts
neamed, neaneds = niemand, nirgends
Naube' = Nacken

O

Oale = Verkleinerungsform von Ei

P

paffe' = rauchen
päppe' = kleben
Pfetschekendle = Kind im Tragkissen
Pfipfes = eigentl. Zungenkrebs bei Hühnern; den P. nehmen: den Übermut austreiben
pfloatsche' = sich faul oder müde hinfallen lassen
Pflädder = Fladen
Pflomm = Pflaume
pfludere' = flattern
pfupfere' = auf etwas gespannt sein
pfuzge' = aufzischen
plärre' = heulen, schreien
Potere' = Perlen am Rosenkranz
prästiere' = aushalten, leiden können

R

Raasch = Zorn, Wut
raatsche' = viel reden, schwätzen
Ragall = böses Weib
Rahne' = rote Rüben, rote Beete
Rälling = Kater
räs = herb, sauer, scharf
Rauhbautz = Grobian
Reff = böses Weib
reng = gering
renge' = regnen
Riebel = Rest des Brotlaibs
ripse' = schrillen, leisen hellen Ton hervorbringen
rösch = knusprig
rudle' = in etwas herumrühren
rugge = Schwarzbrot, auch trockenes Brot

S, Sch, St

Sarras = schwerer Säbel
secht = (stuttgarterisch) sagt
Semere = württ. Hohlmaß, Korb
Siach = starkes Schimpfwort für Männer und Sachen
siag = alte Konjunktivform für ich oder er würde sagen
sole, sodele = Verkleinerungsform von so
späagle' = nach der Kirchweih noch hängendes Obst holen dürfen
spachtle' = sozusagen mit der Spachtel essen
Sparrefantel = spinneter, verschrobener Mensch
Spickel = Zwickel aus Stoff
Spritzer = junger vorlauter Mensch
sust = sonst
Schäaf = liederliche Weibsperson
schaiche' = scheuchen
schaluh = aus dem Häuschen, aufgeregt sein
Schapf = Schöpfgefäß, auch Schimpfwort für Weibsleute
schasse' = verjagen
Schell = kleine Glocke; geschwätzige Weibsperson
schiake' = schief gehen, die Absätze krumm treten
Schick = Geschicklichkeit
Schlappergosch = Klatschmaul
Schlawak = (Slowake) unordentlicher, hergelaufener Mensch
schleecht = schlägt
schlotze' = etwas im Mund zergehen lassen
Schlurger = schlampiger Kerl
Schlutt = liederliches Weibsbild
Schmack = Geschmack und Geruch
schmatzge' = schmatzen
Schnall = liederliches Weibsstück
Schomm = Schaum
schobbe' = etwas hineinschieben
Schöpfle = kleiner Schuppen
Schrändle = kleine Sitzbank
Schüh = (Jus) Bratensoße
Schur = Scheuer

schurebuzle' = sich überschlagen, Possen treiben
Schwittjeh = Windbeutel
schwittisiere' = sich leichtsinnigem Bummeln hingeben
Stapfel = Staffel, Stufe
statzge' = stottern, steckenbleiben
Stefzge' = Stift, kleiner Nagel
Stömpfle = kleiner Stumpf, Stummel
Storre' = krumme alte Bäume
Stupfle' = Stoppeln

T

Tafel, Tafle' = eingerahmte Heiligenbilder
toagig, toage = teigig
triale' = etwas aus dem Mund tropfen lassen
Tschode, Schaude, Schode = überspannter Mensch, Halbnarr
Tuun = Turm

U

überlengt = überbeschäftigt
überzwerch = überquer
ui, uier = euch, euer
usse' = außen

V

verkopfe' = sich den Kopf zerbrechen
verbobbere' = vor Ungeduld vergehen
verlechne', verlechere' = rinnen, leck werden
versome' = versäumen
vollzger, volls = vollends

W

waale' = sich wälzen, kollern
Wadelbire' = saure Obstbirnen
wahse' = wachsen
Waihtag = Fluch, Schimpfwort für Männer
War (s jong War) = junge Leute, Kinder
Waschlafor = Waschbecken
weifle' = schwanken, besonders im Rausch
weleweag = auf jeden Fall
wemmer = wollen wir
wiefle' = flicken, stopfen
Wonderfitz = Neugierde
wött = Konjunktiv von wollen, ich, er, sie würde wollen
wuahle' = wühlen, ohne Unterlaß arbeiten
Wuhr = Wehr im Fluß
wusele' = sich flink nahe am Boden bewegen

Z

zemme' = zusammen
Zenke' = Nase
Zibeb = getrocknete Weinbeere; Schimpfwort für ältliches Frauenzimmer
Zott = Haarbüschel; Schimpfwort für schlampiges Frauenzimmer
zozzge' = schmerzhaft reißen
Zuttel = unreinliches Frauenzimmer
Zweter = Sweater, Pullover
zwilche' = Piepslaute von sich geben wie ein Spatz

Inhalt

Werke von Josef Eberle

Aller Tage Morgen
Jugenderinnerungen
160 Seiten

Mandarinentänze
Chinoiserien
(Gedichte in chinesischer Manier)
117 Seiten mit 15 Vignetten

Hier irrt Goethe von A–Z
Sprüche und Gegensprüche
124 Seiten mit zahlreichen Vignetten

Zeitgenosse Goethe
Sprüche und Widersprüche
93 Seiten

Nie verstummendes Echo – Echo perennis
Elegien/Satiren/Lehrgedichte,
Lateinisch und deutsch
115 Seiten

Lateinische Nächte
Essays zur Antike
302 Seiten

Caesars Glatze
und andere Berichte und Betrachtungen
212 Seiten